Γρεψφοξπεδια

Introducción

El documento histórico que marca los años dorados de Greyfox, con los últimos artículos, ubicados en diferentes fechas. Recoge la cultura de un Imperio invisible de las calles, con sus propias costumbres, lenguaje, calendarios, en definitiva, con su identidad propia.

Esto es lo que hace de Greyfox un acontecimiento inigualable, que sólo los aún Greyfox pueden transmitir a sus descendientes por el espíritu genético.

Muy basados en la filosofía de Gustav Freigeist, conocido como Perex, distinguían entre persona Greyfox y persona convencional. Sólo los más puramente grises lograban vencer sobre la convención y seguir siendo uno de ellos; el resto, quien era atrapado por la normalidad social, moría como Greyfox, es decir, en el momento en el que era atrapado por la telaraña de lo mediocre, su yo GF fallecía y pasaba a ser algo así como otra persona, alguien corriente, deplorable, prescindible.

Al término de la Greyfoxpedia se menciona que sólo cuatro han sobrevivido a la masa borreguera, pero por el código de lealtad hacia los fallecidos Greyfox, nunca se revela el nombre de los traidores.

He intentado conservar las faltas de ortografía originales, pues Santi (no Greyfox), el reformador de la Greyfoxpedia, trató de corregirla por completo, acercando así el documento a la ya mencionada convencionalidad social. El Greyfox creía que la ortografía era ridícula, y mientras se entendiese una palabra, daba igual como estuviese dicha o escrita – incluso, en ocasiones, daba gracia a la lectura – pero en muchos casos no ha sido posible.

De todos modos disfruten lo que puedan de este decadente imperio de mártires.

ACCIDENTE DEL LONG DE VILLABRILLE por Mohammed Divad I

VICTIMA DEL ACCIDENTE *aunque con una raja por la mitad*

Accidente fatídiko...

Atropello en Congresos

Era un viernes en la tarde, ~~fui a los coches de choque~~ (Mentira, fue el día que vino la secreta y ~~le puso una multa a jimena de las bastas~~ nos chingó la tarde) que nadie se esperaba que ocurriera lo mas inesperado esperando la inesperacion inesperada(todos sabiamos que iba a ocurrir lo inesperado inesperadamente ~~CHOPITO EN LA FRENTE !!~~ porque era esperado (toma greyfoxada).Porque yo no digo que no,¿pero y si si?

Cuando ibamos dando una vuelta con el long de villabrille, arirraza v3 montado en el, cayo accidentalmente ~~empujado por Mohammed~~ y el long se preciputo sobre la carretera. El long, en varios intentos por salvar su vida esquivo varios coches y parecia que ya se habia salvado pero paso un coche por encima y lo destruyo porsupuesto el conductor en vez de mirar que era ese bache acelero y se dio a la fuga pero tenemos su matricula aunque no nos acordamos, ni queremos acordarnos. Tras el brutal atropello tan solo una raja ~~coño~~ se notaba distinta en el long.

Confesión a Villabrille

Despues de estar ocultando el suceso a villabrille no se le ocurre otra cosa a moneymonk que decir: que resistente es tu long jajajajaj.Despues de eso examino su long encontrando una raja por la mitad y pregunto qu ha pasado??? Asique le dijimos: Te has dao cuenta tu tambien? despues de unas risas y echarnos la culpa entre todos los greyfox, Moneymonk culpable de que se percatara de lo ocurrido prometio pagar 60$ ~~que no se le van a pagar , moneymonk se lo pagara pero cuando tenga pasta que no invierta en dinero greyfox(tabaco)~~.

Precio real del long

El long en realidad tendria que costar 999999999999999999999$ ya que resistio el atropello de un coche pasando por la mitad del long. El long sigue rodando por las calles ~~casi partido por la mitad y no creo que aguante mucho~~ en perfectas condiciones.

Actividad de la Greyfoxpedia por Soulja VI

Si no entiendes porque llevas 3 meses sin leer un puto articulo nuevo esto te interesa ~~qe va.~~

Ni te rayes ni un pelo

La greyfoxpedia es independiente del estado y del mundo por lo que tiene:

la hora greyfox: a las 5:00 en la hora humana son las 20:52 en greyfoxlandia)

el calendario greyfoxiano: hay 3 meses Rojero, Souljarzo y Monbril, en honor a los mártires fundadores acribillados en la cárcel de Alcafrán tras una pelea de balet satanico en la hora del patio y cada mes tiene 25 días greyfox que son 4 meses humanos lo que quiere decir que greyfox se fundó el 95 de Rojero. Ese día nos tomamos las ~~uvas~~ cigarros.

<u>Que tendrá que ver</u>

Esque llevaba tiempo sin foxetear un artículo, pero qe eso qe lo mismo alguna vez nos pasamos 400 dias sin escribir nada. Moraleja:

"Dame hueco, que habiendo hueco yo ya..."

Este libro le escrivió Soulja Abbat el 99 de Monbril del año 1 d.Gf.

Acusaciones extremistas a Greyfox

Desde 2011 Greyfox ha sido acusado de ideas extremistas o de radicalidad en varias ocasiones. Estas acusaciones son completamente falsas, dado que Greyfox no se identifica con ninguna ideología.

Incidentes destacables

Fuimos acusados de extremismo en una ocasión tras el Incidente del Altair acusados de haber dibujado una esvástica, lo cual es mentira (Nunca pintamos signos radicales, si en alguna ocasión un miembro de Greyfox lo hace es porque está borracho o con el objetivo de causar caos).

Los demás incidentes derivan del corte de pelo al 1 de rojo, que llevó a Julvix a sospechar que era ultrasur.

Aleandra Otero

La Rubiapotente

NOMBRE	Alejandra Otero.Tambien llamada rubia,pendeja,utero...
VESTIMENTA	Todo lo que lleva vale mas que tu.
Dsadafasda	suicidarse a balinazos, escaparse de casas y centros comerciales y porsupuesto tirarse de vehiculos en marcha.

Sueño personal

Alargar su clitoris. Constantemente dice la frase me lo alargas (obviamente no puede ser otra cosa que el clitoris). Quiere tener la elefantosis clitorisal de beata erreriox para participar en las orgias greyfox pero el taj majal fue unico e irrepetible. Se dedica tambien a ayudar a beata herrero a evitar conversaciones greyfox, luego cree haber engañado a un greyfox clasico como soulja peeero no. Porqe YO SOY DIOS y soy omnipotente y de todo al igual que todos los greyfox. Ademas posee blackberris pirateables (comprobado) qe acaban con alarmas a las 2 de la mañana en ruso.

<u>Porque estas escribiendo gilipolleces en vez de estar en pornoxo.com?</u>

Ya ves quee razon. Porqe en una de sus tipicas frases de me lo alargas se refirio a su articulo en greyfoxpedia y como me aburro pues e dicho venga si, escribire 800 palabras con la ultima cosecha de gilipollez que me queda oi¡.

Andrea del Fucka

Rojo en su sueño, a punto de echar salsa de miel y adobar la teta

Anda qe vaya ~~mierda~~ diosada de mote. Es cierto que es una ~~puta mierda~~ jefada de mote, gracias.

Después de enterarme de que jotsa no a superado el test greyfox me meteré un chute de greyfoxalina para empezar a decir gilipolleces clásicas. Ah, sí, andrea es el MACROenemigo Greyfox como Ned Flanders de Homer Simpson o yo de cualquier persona. (o Casado de la policía ajujiji) Aun así, le hacemos un artículo por aburrimiento y para conseguir la siguiente versión, que es de color gris.

Características

- Aprendió a meterse en Greyfoxpedia ayer
- Puede tardar una hora en comprender cómo se hace una tostada
- También le pasa con los webos fritos
- Es le o la? es igual l@
- Encuentra preguntas a cosas simples
- "Pero" y "Por qué" son sus expresiones favoritas
- Rechaza a casado diariamente un par de veces
- Sale en el proyector de tecnología (No es famosa)
- Odia a los Greyfox
- En el fondo sabe que no

- Si no no habría leído esto

- Controla mentalmente a Pepe III

- Cohíbe personalidades

Datos adicionales

- Rojo quiere montar un restaurante cuyos únicos platos sean filetes de teta de Andrea con salsa de miel y teta de Andrea empanada, adobada o no sé cómo. Sueños eróticocanibalistas de Rojo.

Apocalipsis Greyfox

Al igual que la matanza de texas 2 (gracias a fox) todo tiene un fin, y cuando notas que es ese momento en el que te estas pintando el cuello con un guante que tiene crayolas pegadas, debes dejarlo. Este parragraf de despedida es pa todos loske siguieron gfpeds hasta el ragnarokk y sienten algun tipo de pena por que esta mierda quede anclada hasta nuevo aviso. Ya solo somos 4 gf leales cuyo nombre no revelare pa que no seais defraudados ni descubrais quien ha lograo escapar de lo que puede ser la peor banda de rock de pueblo paleta. Como ahora empieza una peli sobre un ninja bushido que viste de blanco corrupción-en-miami y soy adicto a ese tipo de bazofia, no me alargo mas. Ah, tambien reconstruyeron la casa abandonada y ya no mola un carajo, el barrio esta lleno de burgueses yonkis y la vida es una castaña, jajaj vaya hostia le han dao con la pala al bushido. Hasta la vista, baby. (El articulo era pa decirque se acabo pa siempre, queda el documento historico. Igual escribimos emporraos o algo,who knowza.)

Arirraza V3 (coña no racista)

Llamada qe debes realizar al ver a arirraza a menos de 800 metros

Arirraza es la muestra de que las acusaciones extremistas a Greyfox son falsas ya que es el primer integrante multicolor de greyfox. Asiqe a la puta mierda con qe si somos nazis o noseqe ostias. Arirraza no proviene del tito mc si os lo preguntais, solo le emos puesto ese nombre para acer la coña facil. El tito mc no tiene descendientes ~~mejor para arirraza y para toda la humanidad~~ y es una verguenza publica ~~espero que no me haya oido o me fockara y mi culo no se profana~~ por eso dejemos de tachar frases y hablemos del puto amo internacional arirraza.

Origenes

Arirraza es el ermano gemelo diabolico de obama que se hizo pasar por el unos meses (no os abiais dado cuenta putasos¡¡) pero yo si me habia dado cuenta asiqe me comeis el rabo con cebolleta caramelizada. Luengo arirraza huyo del seno de los obama porqe quemo la casa blanca como todo greyfox debe de hacer con cualquier cosa. Vino volando (no en avion, eso no es greyfox, volando a lo pajaro) y se comio el bigote de aznar por eso ya no tiene (el dice qe se lo afeito... siiiiii) y le inyecto un miligramo de botox a stallone, matandolo en el acto. Rechazado por la sociedad se unio a greyfox para vengarse ~~aunqe no sirve para nada porqe greyfox se dedica a hacer diosadas de caracter cuestionablemente gilipollas. mierda esto sigue tachando.~~

Tras el exilio a pollilandia de los greyfox , ariza tuvo que hacer de extintor en una convencion semanal botanica de pedos inflamables. Actualmente se encuentra en rabocity peteando con el payaso asesino de micolor.

Arthur Z

mola aunqe no tiene nada que ver

Semi Greyfox caido de un rascacielos encima de un taxi cuyo taxista se lo comio pero salio de su tripa a lo alien.

Informacion personal

Alias	Arsu, Arsuaga, Perrocorrido...
Muerte	No calculada
Vestimenta	Calzoncillo en cabeza y mochila haciendo de taparrabos.
Animal Sexual	No testado
En vida pasada fue	Ni puta idea

Requisitos que le faltan para ser greyfox completamente(Discipulo)

-Ir a 10 greyfoxadas mas

-Hacer al menos 2 tests greyfox

-Hacer al menos 2 tests greyfox

Atentado contra Greyfox

VENGANZA

Nuestro lugar más qerido, el mas importante, la esquina greyfox. Ha sido ayer 13 de rojero del año 1 d.GF cuando un hijoputa anonimo limpiatintas la ha exterminado. Pero de la mierda sale la mosca (?) asique hemos iniciado una reconstruccion y ya no sera tan facil como borrar un rotulador medio seco, qe aun asi estuvo alli desde el 95 de rojero (fundación de GF) hasta el 12 de rojero del año siguiente (282 dias) y lo borran ahora. Pero vamos a estar vigilando desde el altair, por las mañanas, por las tardes, y por las noches no pero al dia siguiente por las mañanas , por las tardes y por las noches no, pero al dia sigiente. Este atentado se atribuye al Ninja de la limpieza .

Por que apreciais tanto esa esquina

Porqe un primaveresco 5 de abril, cuando aun seguiamos el calendario humano, rojo y yo fuimos juntos por esa calle por primera de muchas veces, porque el tenia que ir a la academia y yo a mi casa que pillaban en la misma direccion. Ese dia habiamos fabricado el elemento aún mas importante que la esquina, la carta greyfox (~~un papelajo con un zorro encima de una carta de poqer que romio ale otero~~) de la que solo se conserva el papelajo con el zorro, que es lo que mantiene unido greyfox, si se destruye, se acaba greyfox. Bueno que estabamos con el tipico extasis, extano, extamegusta, extamelacomoyo de acabar de fundar algo y encontramos una esquina inocente donde mear. Esa meada se conserva fosilizada en la esquina y se considera el bautizo de la esquina, luengo rojo con un rotulador medio seco escribio la parte frontal y la otra, las dos paredes viene a ser.

Operacion 76: Reconstruir Esquina GF

Todo es mas epico si pones operacion delante Ejemplo: Operacion 34: Comer un chicle. Destructivo. y 76 es el segundo numero greyfox aparte de 25 porqe 76 (si das la vuelta al seis) en el espejo parece GF ademas la G es el 7 enn el alfabeto y la F el 6. Bueno fuera gilipoyeces, para reconstruir la esquina hay que reponer:

1. Greyfox en grande (hecho)
2. Una polla gigante (hecho)
3. El nombre de todos los greyfox
4. La navaja y las tetas Greyfox
5. Bar delba putus dmos (una de las frases mas épicas)
6. Esquina Greyfox entre la navaja y el cipote
7. Una polla con un huevo enorme y el otro enano
8. B**** sigue sin ser GF escrito el Cande de diciembre (123/3/0)
9. Estanco GF 1,5p.
10. Columna GF 4p.
11. Since 2011

Reacciones a la borrada

- "NOOOOOOOOO!!!!" (Soulja)
- "Esto no va a quedar así" (Redpro)
- "Que cabrones" (Mohammed)
- "Joder" (Moneymonk)
- "A repintarla" (Super Boss)

Soulja VI 09:58 14 ene 2012 (UTC)

Axi el ruso

Axi el ~~filete~~ ruso era una marca de desodorante que un magnate ingles con trenzas en el escroto plagio con el maximo proposito de llamarla axe y cambiar la produccion de ositos de peluche explosivos por desodorantes audioradiactivos que actualmente venden por el mundo los de Axe.Por cierto se ha liado (tirado) a 32394832323423432 tias, ademas de a todos los greyfox ~~ayer~~ ace ya tiempo.

Qe coño tiene eso que ver con axi el ruso, pedazo gilipollas?

gracias por el insulto ~~hijolagranputa~~ amigo mio porque asi puedo proseguir. Resulta que el hijoputa del que dirigia la fabrica supo que el cabron del ingles iba a cambiar Axi por Axe y se fue a rusia a engendrar un alien por inseminazion artificial. El alien se llamaba ichi y ixi no era el nombre asique mato al alien y del culo de su puta madre al cuadrado nacio axi y como estaba en rusia pues axi el ruso

Baile Indigayzi

Castigo impuesto al alma de Soulja junto a sus acólitos para obtener el perdón divino tras su Javisea de Barto

Cómo se diseñó

En su creación se utilizaron más de 41037 compuestos alucinógenos diferentes obtenidos de la flora y fauna silvestre (Agujas de pino, resina de chopo, etc), introducidos en el agua por Lewis, cuyo motivo para no darnos de beber del grifo era que tomásemos los estupefacientes presentes en el agua de la manguera.

Daler Mehndi - Tunak Tunak Tun Video-0
En lo que se inspiró el vídeo

Aftermath

Al final se quedó todo igual que estaba. Agradecimientos a las fuerzas de emergencia de parte del grupo de baile.

Narración realística de lo ocurrido

Los acontecimientos pueden dividirse en tres etapas: Introducción, nudo y desenlace.

Introducción creativa

El proceso creativo se llevó a cabo en casa de Lewis y duró alrededor de unas cuantas horas, después tuvo lugar la [Traición de la Carrera Espartana].

Nudo in the stomach

Los días siguientes se pasaron pensando que iba a ser una basura. (Lo fue)

Desenlace épico

A pesar de las dificultades, el baile para invocar a Slaanesh fue según lo previsto y tras cuatro minutos de puro éxtasis el propio dios de la Perversión se materializó en el polideportivo, haciendo que todos los presentes montasen una orgía de proporciones descomunales.

Ríos de lefa corrían por las gradas cuando el pater Juancar, en un intento por evitar la catástrofe inminente, hizo una llamada al 112.

Cuando llegaron los bomberos vieron el pifostio que se había montado y llamaron a la policía, que precintó el lugar y avisó al FBI. Dos agentes del FBI se teletransportaron en el acto y tras un rápido reconocimiento del lugar llegaron a la conclusión de que había que tomar medidas drásticas; llamaron a Obama, al ejército, al vaticano, al Pizza Hut, a Putin, a Merkel, a todas las líneas de telesexo, a los guardacostas, a David Cameron, a Steven Spielberg, a Nintendo, a la Flota Galáctica Greyfox, al César, a Moctezuma, a Hitler, al McDonald's, a las noticias, al Sol, a Zeus, a las fuerzas especiales iraníes y al USS Arizona.

Con un esfuerzo combinado de 298374 Navy SEALS y 34 tanques Challenger II se pudo contener la amenaza sin dañar a ninguno de los asistentes al baile. Inmediatamente después se llevó a cabo la operación "Aquínohapasaoná", todo el mundo volvió a lo que estaban haciendo, pasaron los barrenderos con la mierda esa que echa aire limpiándolo todo y Dambeldor hizo un macroconjuro *Obliviate* a todo el polideportivo y se volvió a la tumba.

Beata Erreriox Termineitor

Beata herrero junto a su cuidadora humana cuya voz falsifico en vano.

Persona con elefantosis clitorisal (habia que usar esa palabra) que cree poseer la cualidad de cambiar las voces a sudamericano engañanado asi a los greyfox pero NADIE engaña a un greyfox. Se combina con su amiga aleandra para intentar engañar a los greyfox

Caracteristicas

Transformacion de voz	Bastante deficiente, se ve que vio la peli de terminator 2 y ha dicho oye pues yo tambien puedo dispersar las llamadas greyfox. NO WAY
Cabeza cenicero	su cabeza soporta cantidades infinitas de ceniza. (cabeza no es prepucio en este caso)

Puede aguantar de 3870 hasta 800571 llamadas greyfox seguidas.	Mentira, nadie puede. Antes de la llamada 500 ya esta cambiando su voz por la de una criada sudamericana que canta samba.

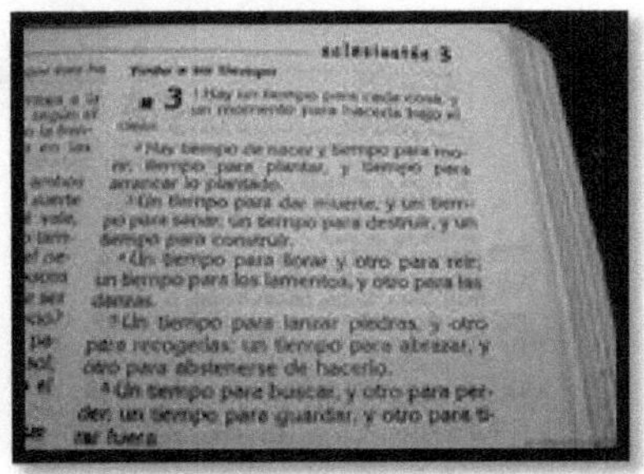

biblia no greyfox=no mola

Creencias

No tenemos una creencia en comun, mezclamos todas y creamos una. Vease el grama(karma).

Y decia un profeta con los huevos depilados:

PERDONAMOS PERO NO OLVIDAMOS,NO SOMOS JESUS , SOMOS GREY FOX

Mandamientos

1-.No ataques a ningun grey fox
2-.Si lo haces moriras a los dos dias
3.-FIN.

Big Foxes

Qué es ese animal, es un animal

Gente que por sus servicios a Greyfox se ha ganado el título Greyfox honorario.

<u>Lista de Bigfox</u>

- Adriana
- Jotsa
- Carmen de Mariena
- Gonzalomarco
- Silvester Stallone
- Arnold Schsfwguarszchenigger
- El Tito MC
- El flow
- Steven Segal
- Dahler Mehndi

simbolo de los candeleros

Termino Greyfox que describe a todos los amigos, novios, etc de veintidos. Ser candelero (no es por nada) baja 22 puntos sobre 25 en el test greyfox. Que no pasa na, pero no pasando na que sepas que restar, resta puntos.

Lista de candeleros

1. Veintidos
2. Alonso ¿martinez?
3. Falangansta

CASA DESALOJADA

greyfox will smith

Resumen a lo Principe de Bel-Air

Al oeste en columnas crecia y vivia sin hacer mucho caso a la policia mirando a la casa nos habiamos percatado de que por la noche no echaron el candado. A cierta hora dando una vuelta con los greyfox abrimos la puerta y decidimos meternos dentro y el portero nos decia una y otra vez: a la poli a los maderos yo llamare. Llamo a un coche cuando se acerco, estabamos bajando o eso recuerdo yo, queriamos saber la clase de agentes que nos esperaban abajo con caras no sonrientes. A las ocho salimos de aqella casa y la gente nos preguntaba qe qe pasaba, estabamos bien y la cosa cambiaba, los pitis esperaban, que greyfoxada! ja!!'

RESUMEN A LO GREYFOX

estabamos en frente de columnas cuando se nos ocurrio reventar el candado para poder entrar despues de conseguir abrir la puerta decidimos entrar estaba lleno de extintores vacios nos dimos varias vueltas hasta llegar a la azotea donde nos quedamos un rato ~~escupiendo a la gente de abajo~~ despues de unas risas y casi qedarnos encerrados en la azotea vimos un coche de policia en la puerta de la casa (el portero cabron habia llamado a la poli)bajamos a toda hostia pero era demasiado tarde nos pillaron despues de un rato de hablar con la poli paso moneymonk por delante y dijo:ostia la poli!!!y salio corriendo(nadie sabe por que) salio un poli detras de el y le pillo. despues de eso han puesto una muralla de ladrilllos y dos candados gigantes ~~que pensamos volver areventar.~~ En efecto, volveremos a hacerlo. Y esta vez en plan macguiver, solo necesitaremos:

- Un gusanito chupado
- Una caja de condones vacia
- Una caja de condones llena
- Un pendiente de Axi el ruso
- Un pikachu salvaje
- Una pokeball
- Un ladrillo (vale el movil de ponte)
- Una clase de tai chi
- Un pezon de andrea
- Una llave inglesa
- Una careta de Bin Laden
- Un perrito caliente ~~CHOPITO EN LA FRENTE!!!!~~
- Una avioneta de oro
- Un perro azul
- Un vater de techo
- Una mierda que hable enplan pepito grillo
- Un pajaro tricefalo (no aguila)
- Un mosaico del culo de rojo
- Un calendario de Play boy
- Y sobre todo 12 cartones de John Player y un mechero rojo para hacer campaña al Rubal de Baraka
- Un ipod con la musica del pp interpretada por James Hetfield de Metalica con un solo marianista devastador final

Camarero del kebop

El camarero del kebop es un antiguo dios indio que se marchó del lugar donde viven los dioses indios para perseguir su sueño de vender kebops y aniquilar a la humanidad.

Biografía

Fue engendrado por el Dios del Kebab y La diosa Kali (la de Indiana Jones) en un motel de Calcuta hacia el 2000 antes de Yisus. Desde pequeño creció interesándose por el negocio de la hostelería y a pesar de las promesas que le hacía su padre de que cuando él muriese, el reino de Colestelandia sería suyo, bajó al reino de los mortales y fue contratado por Rashijner III, dueño de un negocio de kebab en declive en la Esquina del Bernabéu. Todavía conservaba algunos de sus poderes míticos, así que usó su habilidad telepática para invocar a Chicote y que arreglase el local. Al cabo de un tiempo los clientes llegaban en tropel y el camarero empezó la segunda fase de su malvado plan, intentar hacer reír a los clientes con su acento hasta que murieran axfisiados intentando contenerse. A los que no se mueren de esta forma los mata el precio, y si no los altos niveles de colesterol les causan un infarto instantáneo.

Clones de Soulja

"you! decid o! OOOOO!!!"-líder de los clones antes de ser lapidado-.

Linfocitos natural killer modelo humano que maduraron en el entrewebö de Soulja, algunos eran negros y pertenecen actualmente a la selección de costa de marfil bajo el nombre de tioté.

Destino de muchos

La mayoría se quedó en un pueblo de somosierra, donde a uno se le ocurrió cambiar el agua por aguarrás para estar siempreborrazchos, muriendo incluso antes de probar el LIQUIIIIIIIDD!!!

Destino de unos pocos

Rodearon el congreso jajaaja de Arabia Saudí al grito de "Aborto es sagrado" con tetas de plastico. 2011-2013. D.E.P.

Código de los Colegas

El Código original siendo robado por un espía Greyfox

CÓDIGO CREADO POR JAVIXU Y MONO

12 de Abr, a las 21:43

1. Si un colega empieza una exfoliación, tu deberás ayudarle.
2. Los viernes son sagrados, no te pueden castigar.
3. Si un colega se pelea con una persona, tu deberás intentar ayudarle en esa pelea.
4. Los miércoles siempre salen mal.
5. Si un miércoles no sale mal, el jueves saldrá mal.
6. Si un colega corta con su novia, tu deberás ayudarle.
7. Si un colega se está trabajando a una chica, tu deberás ayudarle.
8. Los colegas nunca se trabajarán a la misma chica.
9. Los colegas nunca deberán pelearse, pero sí podrán discutir sin llegar a la lucha.
10. Si un colega está haciendo el ridículo tu deberás decirle que pare.
11. Un colega no debe dejar tirado a otro colega.
12. Si un colega te dice que algo está mal, debe darte al menos 3 razones para convencerte.
13. Un colega nunca robará a otro colega.
14. Si un colega escucha una canción buena, su deber es hacer que su colega la escuche.
15. Si un colega crea una palabra, tu harás lo posible para que se extienda.
16. Un colega nunca cambiará la forma de pensar de otro colega, pero siempre dirá sus opiniones.

17. Si un colega hiere a otro colega deberá justificar por que lo ha hecho, si es injustificado ese colega deberá pedir perdón.
18. Si un colega no te dice la verdad, deberás averiguar por qué miente.
19. Un colega puede mentir a sus familiares, profesores, novias, etc, pero NUNCA a su mejor colega.
20. Las frases estúpidas que diga un colega, seran reídas por todos, y él explicará qué intenta decirles con eso.
21. Nada de mariconadas entre colegas; si las hay, debes preguntarle si es gay, y si lo es debes de poner distancias.
22. Si un colega rompe el código, se creará un jurado y se le impondrá un castigo; si no cumple el castigo ya no será un colega.
23. Si el acto anti-colega es mínimo, se pensará si hay que aplicar un castigo.
24. Día de la mala suerte: miércoles 14.
25. Día de la buena suerte: martes 13.
26. En los cumpleaños Greyfox se reunirá dinero para comprar una camiseta Greyfox.
27. Si un colega empieza una vacada y le cortan el mihrab, tú deberás vengarle con la gota de chele que rebase el vaso.
(A mí (Moneymonk) me vale, no sé a vosotros, los que estáis leyendo esta basura, que sois unos pendejoscharcovómitohijosdeputa.)

Ultimatum de Mono

El mejor colegio al que puedas asistir, con las mejores personas.Nada tiene sentido, pero te acabas acostumbrando

<u>MAS PUTUS DMOS DEL SAN AGUSTIN:</u>

-Soulja
-Redproblemz
-Ponte
-Torrex

-Mohamed I
-Arsu
-Maze sobremazas
-Luengo
-Asier
-Borja
y por supuesto y por siempre: MONO

VENGARME¡

Hazedlo y recibireis una recompensa.

Como Greyfoxear una frase

un filete empanao, sujeto de la operacion qe sostiene este articulo

Las personas normales se dedican a contestar cosas no siempre despollantes, al contrario que un greyfox.

Frase dicha por una persona normal

+Que as comido hoy?

-Un filete

Analicemos la soseria y gilipollez de la respuesta. "Un filete" y a mi qe coño me importa qe te ayas comido un puto filete si tiene una minihistoria.

Frase greyfoxeada

+Qe as chingado oy?

-Me iva a chingar un filete y segun lo estaba ai disfrutando aparece mi abuelo y dice qe estaba caducao y era pal perro del vecino entonces me di cuenta de qe ningun filete es verde (exageracion de qe estaba jodidamente lleno de moho)

Esto si porqe es asqerosamente intrigante, veamos los cambios qe emos añadido: primero se cambia la tonteria de palabra "comer" por otra greyfox como chingar trincar o jalar. Luego se añade una macrohistoria para contar qe te as comido un filete, tipica giliparida greyfox qe al mismo tiempo es una DIOSADA. asiqe a greyfoxear frases.

Cómo criar una batidora - Por Superboss y Moneymonk

Yo qué sé

S.BOSS: A saco, ¿cómo la hacemos?
Yo: No sé, sólo lo sabe hacer el superinformático de Soulja
S.BOSS: Yo no soy Soulja ¿y tú?
Yo: Haré un intercambio telepático Greyfox de información
S.BOSS: Perfesto, hay gente que usa el chat del tuenti y hay quien usa el Chat Telepático Greyfox
Yo: Yo lo uso constantemente, jajaja
S.BOSS: Yo hablo con batidoras
Yo: A mí eso me pasaba hace dos semanas, pero eso es que el chip qiere hablar contigo
S.BOSS: Mmm, ¿y qué debo hacer? Ya la he duchado y dado de comer. No se qué hacer
Yo: Pues tienes que meter el rabo de Rasputín por la entrada 3
S.BOSS: Ah, ya ha llegado a esa edad. Qué pena, le saldrán granos
Yo: Sí, pero se le pasará con una diarrea de sangre y chele. A la puta Greyfóxpedia, jajajaja
S.BOSS: De canteo. Titulo: Cómo criar a una batidora.

rubia de bote,cuya rima todo el mundo sabe,que acaba de descubrir como se entra a la greyfoxpedia, después de varios intentos fallidos,es normal(es rubia) <<<.---- explicación para otras rubias y así sucesivamente

seh una... pompa. esperabais burbuja? me da igual sino no habia chistecillo

Caracteristicas.

·Rubia de bote....
·De amigas morenas(no tontas...) bueno alguna si(caso de salchichonaa)
·cada vez que le cuentan algo gracioso,si pone menos de 10 lineas de jajajaja´s se puede considerar milagro
·no tiene porque ser gracioso,(se ríe por cualquier cosa) otra explicación para tubias
· ahora otras rubias entenderán el apartado 3
·burbuja también
·salchichona seguiria sin entenderlo (se lo comeria aver si asi lo pillaba by soulja)
·no conocía su lado greyfox
· ahora si
·en verdad no es greyfox
·aunque se a reído al ver la gfpedia
·recordando que se rie por todo,no es un merito

Panteón del Vulpecinereísmo:

Barney Stinson
El Nyan Cat (Miam Cat en Greyfoxarraceno)

Miamiamiamiamiamiamiamiamiam, miamiamiamiam etc.

El Pater Cejardo
La mente maligna y/o perverturienta
La cabeza en el mihrab
El Modernsfucker

Ritos y sacramentos Vulpecinereístas

La Terrible Paja a Mano Cambiada (Primer domingo de cada mes)
La Vacada de chele que rebasa el vaso (1 de enero)
No Fap December (Durante el mes de Diciembre)
Irse palants (En todos los exámenes globales y finales)

Diccionario Greyfox

Cande

Dícese del número 22 o cualquier cosa relacionada con el. Es una palabra del antiguo greyfoxllano sarraceno

debido a algun misterio ocurrido entorno a sobremazas.

Prijngaos

1. Dícese de un pijo pringao. En el 76% de los casos en los que se cumple la primera condición aparece la segunda.

2. Persona que padece de prijngaitis.

Valfies

Valfies: Abreviatura de Vater-Selfies, comúnmente, referido a una foto junto a un truño.

Mihrab

Rabino tamaño estandaretisel, unos 15cm de promedio, los greyfox no tenemos mihrab, sino el siguiente nivel, Mirhabelot, tamaño 18cm

Ojetivo

1. Ojete + Objetivo: Objetivo de penetración en orgías anales.

2. Objetivo sin b: Significado no Greyfox, no se puede procesar.

El Diccionario de la A original conservado en escabeche.

El mítico diccionario escrito por ~~Per Abat~~ Soulja perdido entre la niebla del recuerdo y el tiempo en la olvidada clase de 2°A.

Primeros versos

Se han recopilado varios grersos, versos en greyfoxllano antigüo, dice así:

Ayere en mia abitacione estaba interpelando la mia serpente
Quando en repentine accione ¡ai deu que me pille con la cremallera un hueu!
Me recupere de le eiçercito por el mio acciole de la mia gente (???)
Me acabe viniendo y en la mia cabezza un branco rio densamientre brotaba

Soulja Abbat, Diccionario del Mio Fox

LEY SOPA HIJAPUTA

Oscuros tiempos son los que esperan si aprueban a estos hijosdeputa, desde greyfoxpedia, fundamos la Div259 para atacar a la ley sopa, aqi todas las paginas de apollo a los wikis antisopa.

-http://periodicoelsatelite.com/2012/01/08/la-ley-sopa-stop-online-piracy-act-en-que-afecta-a-internet/

-es-es.facebook.com/ANTILEY.SOPA

-www.muycomputer.com/2012/01/05/apagon-web-mundial-contra-sop...

-www.avaaz.org/es/save_the_internet_action_center_b/?slidesho...

Canciones de apoyo a GFP

1. El himno

2. El Cántico Unido

3. El apocaliptico, para situaciones extremas:

Es por Greyfox

Oscuras noches son las que esperan,
Oscuros días llenos de pesadillas.
Recuerda todo lo que ves ahora
Que pronto será solo historia.

Lo que hoy es tu greyfox
está ahora siendo destruido,
Lo que representa tu historia
lo están convirtiendo en una mierda.
El grito de nuestras almas
Nos recuerda nuestro esfuerzo
Al ver que nuestro greyfox
está pudriéndose con el tiempo.

No todo está totalmente perdido,
con torrex, ariza, david y superboss, nuestro redpro!, nuestro
soulja, nuestro monk,
es por greyfox.

Antes de que sea demasiado tarde,
antes de que caiga por el desagüe,
los pijos y porteros nos estan jodiendo,
pronto todos, irán cayendo.
nuestro futuro está atragantado,
a nuestro greyfox le han subestimado,
no es cuestión de dinero y posición,
es por greyfox y la revolución.

Doctores Destructores

Doctor Maligno Sacerdote de los Doctores destructores

Guettocrew fundado por Maze y Soulja en laboratorio de naturales.

Atentados morales

Basicamente la humillacion indiscriminada a todo el puto mundo que no tuviera 14 años en aquella epoca simplemente por aburrimiento. Tambien se aplicaba a profesores y pringaos comunes . El dar doble sentido a cualquier palabra se encontraba entre su poderes magicos.

Miembros (no rabos)

-Dr.7

-Dr.22

Druida

Figura retórica que rige el gobierno UISE.

Aquel sobre el que recae la responsabilidad de las acciones de la UISE.

Elegido de los Dioses.

אירגעבעטנמיר אירגעבעטנמיר אירגאַטמיר אירגאַטמיר דו דו אירגאַטמיר דו דו
ווטאירביזטויטטאָןאירראַנטייל אירגעבעטנמיראוןאיךהאַטניטזאָגןעפעס
ווילןצוטויטפֿוןדיאונטערשיידן ניט אַראַלעטאָג...[1]״זײנגעטרײַצואיירעף
ני ליבעזײַאפילואינשלעכטטעג....

ESPIRITUS GREYFOX

abuelo con brocheta

imagen de perro asesino y su dueña

espiritus que se aparecen cuando quieren

Abuelo pincha ñordos

Este espiritu es poco comun, visto por mohamed y por soulja .se aparece con forma de abuelo con baston que en su punta va pinchando todo tipo de objetos como ñordos(de ahi su nombre)el baston acabara pareciendo una brocheta

Perro asesino

espiritu maligno y muy comun ha tenido muxas apariciones con soulja y se aparece con forma de perro gigante sin correa ~~aunque no sirviera para nada porque le arrancaria el brazo a su dueña asesina~~ .Se dedica a perseguir a los greyfox.Y a muxa otra gente ~~PUES CHOPITO EN LA FRENTE!!!!!!!!~~

El Glande Azul

El **Glande Azul** es un monstruo marino que acosaba sirenas, siendo este la razon de que todas las sirenas se extinguieran ya que las desgarró analmente. Fue encerrado heroicamente por Erasio, el pescador greyfox, en una caja llamada NEPTUNE donde esta prisionero. Esta caja se encuentra en las profundidades de la fosa de la Concha marina. Si ha escapado, nadie se ha dao cuenta.

Orígenes del Glande Azul

Nacido según las leyendas de la fusion de un vibrador y un atun salvaje, el Glande Azul provendría del año 2576

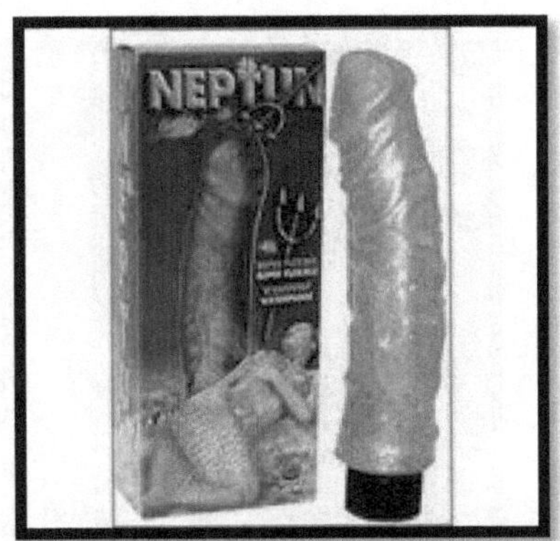

a su derecha el glande azul, a su izquierda la mitica caja Neptune

antes de Greyfox (565 A.C. para humanos) a la edad de 15 años ya había pasado la EGFO (Educacion Greyfoxdaria Obligatoria) y a los 16 acabó Foxchillerato. Finalizó la Universidad tan solo a los 4 años (obviamente antes de la guarderia). Su primera novia fue una compresa que murio ahogada en extrañas circuncisionesstancias su segundo novio murio desgarrado analmente, y esto fue lo que inspiró el estilo de vida sencillo e indiferente del Glande Azul. Tras salir unos años con la ~~Momia~~ Duqesa de Alba, emigró a Japón, donde comenzó su carrera de desgarrador sirenil. Tras exterminar a todas las sirenas ~~y sirenos~~ de

Eurasia, se dirigio a Lrestodelmundo donde acabó por extinguir esta especie.

<u>Derrota del Glande y batalla contra Erasio</u>

Un dia del año 514 antes de GF el Glande mató a la persona equivocada,la mujer de Erasio Auditore, primo tercero de Ezio Auditore (si el pringao ese) un simple asesino, mientras que Erasio era un nomble pescador, y lo que es mas, un Jaegerano (antepasados greyfox) que se vengó del Glande Azul con un bate de beisbol con clavos oxidados tan típico de la Italia renacentista reventandole en el acto su punto debil, el frenillo gris. El Glande Azul, inconsciente, calló al mar y Erasio lo encerró en la caja Neptune. Para asegurarse de que nunca saliera lanzo un conjuro a la caja despues de darle varios litros de superglu mezclado con silicona (supercona o siliglu).

Estatuilla de Erasio que demuestra que es greyfox y que se parece ligeramente a Pikacho

Información

2012, escrita por Alexhuac y Javs

Hitler regando las plantas de su terraza

Argumento

La trama trata sobre unos nazis retrasados que luchan contra comunistas con la habilidad de multiplicarse. Después de una épica batalla que acaba mal para ambos bandos, el largometraje finaliza con un memorable diálogo en una terraza entre Stalin y Hitler completamente improvisado.

Recibió el premio Greyfox a la Mejor Película de 2012 y ochenta y ocho Greyfóxcars incluyendo el de Mejor Guión, Mejor Dirección, Mejor Vestuario, Mejores Fundidos a Negro, Mejor Reparto y Mejor Bocata de Jamón.

carta greyfox dedicada a Mcia

Es un tío tan pringao que se ha llevado el galardon Dios Apoplégico Greyfox por tantos momentazos y millones de parodias. Gracias tito mc, y aver si le das al flow, que mucha espalda y mucha polla pero que los abdominales los tiene pillaos parriba.

Formacion

En la academia del MC no fue admitido porque un profesor le rozo las pelotas en un descuido y le partio la boka. Luengo le dio un minitiro tipo culo prado al petardo y se largo pa sevilla city, a fumarse un piti (Los giraos dioses greyfox por la parodia al tito no le focka nadie) Pero el tito no sabia que tenia un rival en Andalucia Country. Muy cerca de Sevilla City, en Cordoba City habitaba Pepe III, el cual le hizo fotos y las mando a greyfox central, los cuales le estaban buscando desde hace varios años para eliminarlo del mapa o para hacerle greyfox por un dia. Entonces se dieron cuenta de qe al final tendrian que matarlo.

La despedida del Tito

Como rojo ya tenia rival al ver que el tito mc decia el triple de payasadas por segundo que el (2341289472 millones) tuvo que planear su asesinato. Al principio probo metiendole una cuchilla entre los cereales enplan cereale Krusty, pero los gansta ven los simpsons, y lo descubrio mirando la caja a distancia con su visor de rayos X, aparte que ya la habia olido cuando volvia a su casa de una larga noche de fiecha financiada con una caja de pañuelos. Por eso los ganstas no pisan las mierdas, porque ya las han olido, si un gansta pisa una mierda es por una de estas razones:

- Esos zapatos habia que sacrificarlos

- Para parecer humano y no revelar su "gangsta condition"

- Por un ajuste de cuenta tuvo que pisarle la cabeza a la mierda

- Porque la mierda le pidio por favor que la llevara al cole en su megazapatilla gansta definitiva y el accedio porque, sera gansta, pero tiene corazon.

Aparte de eso la cancion gansta paradise fue dedicada a el. Y nosotros, aparte de quemar la gorra comprada por aleandra otero a mono y matar a un cordero en su honor no hemos podido dedicarle nada mas, asique te hemos hecho una carta magic en un creador de cartas de coña aportado por un Bigfox y dios urbano, Santi Kristo (juego de palabras: S-Anticristo, got it).

El ultimo superviviente Greyfox

Esto no trata de cuando el intrepido explorador Monkey se adentro en las profundidades de la jungla autoctona de salchichona (blazqed), cuenta como sobrevivir en caso de ir a casa de torres , parar 8 paradas despues y meterte en un hospital abandonado para orientarse.

<u>Que coño??</u>

Esto tampoco va de la selva amazonica blazqelar. Va de que te expliqemos como coño se llega a acer esa gilipollez.

1. Una vez bajas del autobus y te das cuenta de que estas ~~en otro pais~~ a ocho mil kilometros de donde tenias que ir busca rapidamente ~~un pikachu salvaje y cometelo~~ un hospital ~~salvaje y cometelo~~ abandonado y metete dentro.

2. Si el hospital tiene un bosque (como el de blazqez) metete y utiliza extintores y otros objetos para sobrevivir.

3. Cuando veas la salida y te des cuenta de que lo de meterte al bosqe era innecesario es que vas bien.

4. ~~En vez de salir por la puerta salta por una valla con pinchos para rajarte el escroto~~ Al salir de alli encontraras normalmente la tipica piscina publica salvaje ~~y cometelo~~ y una bolsita de qetchup ardiendo en el suelo. Ya que no cazaste el pikachu salvaje alimentate de esa bolsa de ketchup.

5. Cuando veas la casa de torres y te des cuenta que podias haber bordeado el hospital y llegar directo sabras que eres greyfox .

La meta

Una vez llegas solo te queda una cosa que hacer, encontrarte con ponte . Una vez lo hallas echo te vas al piso de torrex donde te echara a patadas, ahi te daras cuenta de que ha valido la pena. Greyfoxada.

TRUE STORY

Elena con ache (TítulosContradictorios.gf)

De éstas faltaban dos en el título

Primera persona que leyó Greyfoxpedia sin tener escroto (Primera pava, aclaración para eminencias cerebrales) y que por tanto se merece un artículo.

Características

- Lee Greyfoxpedia
- :O
- eeeeeeeeeee brouli
- Devuelve los bolis con retraso, en plan pelis del videoclub
- Es capaz de soportar horas de canciones acapela de Soulja
- Al final alguna canción se aprende
- No se conforma con menos de un 11,5 en cualquier asignatura
- Creó la llamada "Trenza Escorpión" que aguanta hasta 66 pinchadas de boli (entre otras destrucciones)
- No sabe hablar en voz baja

- Si por casualidad habla en voz baja lo arregla riéndose en voz MACROalta

- Se considera antigreyfox, al igual que Andrea del Cuca, que intentó corromper a Pepe Rosa, el cual creía que podia elegir no ser Greyfox jajajajajjajajajajaj ajaj aii paece que...

- Paece que... elegir dice el otro

- Paece que...

- Es machista (I don't think so)

- Es feminista (I don't think so)

- Es ULTRAfeminista (ultra no es un morfema Greyfox)

- Es GREYFOXfeminista? (Nah, no lo pillas)

- Es MACROfeminista (Got it)

- Formaba parte de la A en los viejos tiempos (Música nostálgica)

Puto amo a lo blackstyle ~~vamos que es negro ya ves la aclaracion~~ que se dedica a greyfoxear la calle vendiendo periodicos ~~invisibles~~. Es el maximo exponente de los vagabundos miticos greyfox pero no lo incluyo en ese articulo ~~para ocupar otra pagina mas de la greyfoxpedia~~ porque es especial. (no gay) (yo tampoco soy gay) (ni homofobo) (dejo ya de poner parentesis porqe sino me qedo ai todo el dia)

Indumentaria clásica de Endongo

lunar gigante que le cubre por completo, y una bolsa negra donde guarda ~~absolutamente nada~~ todo.

Frases típicas

No se que dira pero destacan dos clasicas:

- Wassap men?
- How you doing?

En efecto estas frases no son en español, son en el idioma mundial, el chinocoreanovascogales.

lugar donde se situa el sujeto

<u>Localizacion</u>

Al lao del fraydeis (sitio antigreyfox por sus ~~jodidamente altos~~ precios)

Esquema de quedada greyfox

mirar este video de quedada greyfox jajajaja (solo es una foto)

Elementos obligatorios

1. Tabaco
2. Cerveza
3. No tener ningun tipo de plan
4. No haber quedado con alguien no greyfox sin 2 greyfox presentes
5. No tener puta idea de que hacer
6. NO ir al starbucks
7. NNNNNNOOOOO ir de compras
8. NO hacer lo que piensas que vas a acer
9. Putear a cualquier conocido no-greyfox que te encuentres

10. Tener como maxima prioridad destruir a laura blazqed

11. Ya esta

12. Para de poner numeros que ya esta

13. Tu que ya puto wikisistem

14. Aghhh¡¡¡

15. Pesao¡

16. Bah paso de esta mierda

Elementos que pueden mejorar el dia

1. Un camelot (peta)

2. Un excalibur (ciego)

3. Un coño (tia)

4. Si el coño no es una patata se agradece (tias gordas no)

5. Si la cara no es una patata se agradece (tias feas no)

6. Si ninguna parte del cuerpo es una patata se agradece (tias amorfas no)

Expresion y nombre Luengo

Luengo a punto de ejecutar un solo de sovaco

Dios urbano punkjebirokero y comunista en practicas que permite a la gente usar su apellido como expresion sustituta de "luego".

Como expresion

Sirve para greyfoxear frases como:

-Luego te veo tio (NO GREYFOX)

-Luengo te wacho greyfox (GREYFOXADA)

Como persona humano-alien-dios

Es un semidios satanico que permanece un año en cada colegio y que tiene el poder de transformar su pelo en el de un samurai. Tambien toca la guitarra con los pelos del sovaco.

Expulsion del Bunker

imagen de bunquer

El bunker greyfox fue descubierto algun dia desconocido, pero no fue hasta el dia de la expulsion del bunker cuando se greyfoxeo al maximo.

La acampada

Ese dia rojo escapo del comedor y soulja moneymonk y el fueron a comer a un ~~supersol~~ restaurante de lujo. Luego acamparon en un garaje al qe se llamo bunker greyfox.

La humedad Elvis

En efecto, habia una puta humedad con tupe llamada la humedad de elvis.

<u>Lo de la humedad tiene algo que ver o es una pollada mas de tu puta gilipollez?</u>

Te voy a decir que tiene qe ver lo de elvis con esto, UNA PUTA MIERDA, pero me apetecia igual qe si aora me rasco el sobaco ~~como la profesora de biologia~~. El caso es qe el portero nos echo a escobazos pero ahi llego la....

<u>REVELACION DE ROJO¡¡</u>

En este caso fue tirarle una botella de dos litros a la cara al portero, acompañado porsupuesto de un calvo de su culo peludo.

Famosos Greyfiox y Anti-Greyfox de las historia

Martir Greyfox

Ejemplo d greyfox

Título de la sección

Los antigreyfox no podemos mostralos por un blokeo del gobierno acia esta pagina pero sus nombres andan latientes en todas las cabezas Greyfox

Familia de quien organizó la fiesta

Situación y acontecimientos

En Congresos, viendo cómo vacilaban unos cabrones a un pobre subnormal. A la llamada de Alfon fuimos corriendo a su casa; lo que pasó no saldrá a la luz.

Los únicos que van a una fiesta durante 0,33 segundos sólo para robar comida y bebida somos los Greyfox.

Fiestas de Mono

Son agrupaciones de gente sin ningún sentido, una tradición milenaria Greyfox que se celebra indefinidas veces cada indefinido tiempo por indefinidos motivos. Sólo se requiere la presencia de Mono y el sacerdote de las fiestas de Mono, Soulja.

La primera no se olvida

La primera vez fue el viernes 28 de mayo, porque aunque el cumpleaños de Mono iba a ser dos días después, da igual. Duró unas 4 horas y acabó en un perrito de alubias gigante en el Knight (WTF) pues sí.

Vinieron: Trujillano, Sánchez, Paula Moreno, Axi el ruso, Cere, Franchu, (ajajajajajjio) pues sí joder, y no me acuerdo de más porque que sea un semidios como todos los Greyfox no significa que sea ferpecto.

Las demás sí

Del resto, de lo que me acuerdo es:

-Fiesta de Mono III: Fue un día de fin de curso.

-Fiesta de Mono IV: Estábamos Mono y yo solos en Madrid, nos fumamos un puro y luego hojas secas.

-Fiesta de Mono VII: Algo de un Botellón.

-Fiesta de Mono XII: Acabamos en Azca.

La próxima es la XIII, lo qe viene a ser 13. (12+1)

Filosofía Greyfox definitiva

- Qué has hecho en el colegio

- Nada

- Qué aprendiste en el colegio

- Nada

- Qué tal en el colegio

- No he ido

- Por qué no has ido

- Yo que sé

- Colegio Para hacer nada

- Mola hacer nada

-Greyfox IT

Foxcode (Codigo islamista en columnas)

CUANDO SE RESOLVERA ESTA MIERDA DE ENIGMA¡¡¡

En la columna greyfox apareció el 108 de Monbril (7 de diciembre) una extraña B en un lado. Sigue siendo la columna greyfox pero esa B? de donde rabos cocidos venía? asique perimetramos la zona como cualquier día y estos fueron los resultados.

Resultado del Perimetraje

-Descubrimiento:

- En frente del vips de paseo de la habana hay un callejon.
- Arriba del callejon esta un colegio musulman
- En la puerta hay 3 pancartas de metal
- En las dos ultimas pone centro de Estudios
- En la primera pone centro de Bstudios
- Ponte penso como?! ~~una pancarta de metal!!~~ Bstudios?
- Investigamos la palabra Bstudios
- No existia
- La incluimos en el diccionario greyfox
- Nah, no la incluimos por perezalia
- Llegamos a la mistica conclusion

- La B era la misma que la de la columna greyfox

- Pero no enplan se parece si... IGUAL

- IGUAL

- Entonces volvimos a columnas a ~~hacer ruidos de sprais de pintura con la boca y hacer como que grafiteabamos el portal del portero cabron que siempre riega los escalones~~ investigar

- IGUAL

- Ponia 7-XII (si siete de diciembre) pero si le quitas la x es 711 el año en el que surgio el islam (y si no la quitas un año despues que mas da)

- Que, impresionente eh?

- Impresionente?

- CHOPITO EN LA FRENTE!!!

Análisis de datos final

Los principales sospechosos son:

- Un islámico antigreyfox (ya hay antigreyfox en todas las culturas)

- Un islámico que simplemente quiere ir al paraíso con Ala

- Un islámico que pasaba por alli

- Yo sonámbulo

- Tu sonambul@

- Un islámico sonambul@

- Uno que vaya a ese colegio y alla dicho anda¡ Bstudios!

- Un no islamico al que le haya salido todo al azar

- Un cristiano haciendose pasar por islamico

- El portero que me arranco la chaqueta, cuya etiqueta esta en (chan chan chan) ARABE!

- El Ausente

- El Ausente? jaja ya me hicieron antes el chopito, no me engañas
tan facilmente

- CHOPITO EN LA FRENTE!! (doble)

Foxday

El 95 de rojero (5 de abril) es el mítico día de la creación de Greyfox.
El dia de la meada bautismalica y de la carta greyfox.

Cosas que pasaron otros 5 de abril

- Se descubre la isla de pascua (y portanto los conejos de chocolate)

- Pocahontas se casa

- Penedicto XVI se caga en publico ~~lo que se llama un nuria desatado~~

- Argimirus III descubre la piruleta salada

- Se descubre que dios no existe al tirar una piedra al cielo y no ser cogida por nadie

- Se crea la mentoscola

- Hitler echa un trago de mentoscola cuando esta acorralado en el bunker

- Se descubre una uña de jesucristo pintada color vino

- Se descubre que la crus de txuscristo era del ikea y los clavos eran de regalo

- Se descubre el himen petrificado de la "virgen" maria

- El cientifico MacOney llega a la conclusion que el numero 666 es el número de dedos de pies y manos de un deforme primo delque escribio el cuento multiedad "la biblia" de disney.

- Warirorriroriroriror riiiii ri ri roou.

ESCUDO GREYFOX

El Artículo numero 100, tras largos meses de altibajos, de ingeniar bufadas, de traiciones, deficiencia mental, infiltraciones, persecuciones, anécdotas y batallitas, alfin hemos llegado al artículo 100 y por tanto a la versión 3.0.

Gracias a todas las historias y chifladuras reales e inventadas y a las que no emos podido contar ~~porque no nos acordamos~~ por seguridad mundial.

Aunqe la gente ~~madura~~ cambia, nosotros jamás, al menos hasta que consigamos nuestro plan secreto (~~Dominar el Mundo~~). Pero vamos a ir al merme.

Historias Reales

Aunque quiza todas tengan una bromilla o pincelada fantasiestica, las historias verdaderas de GFpedia hasta ahora son:

- Accidente del Long de Villabrille
- Antro Desalojado
- El ultimo superviviente Greyfox
- Fuck You 2
- Incidente del Altair

- Toma de la Azotea
- Atentado contra Greyfox
- Fiesta Regaliz
- Foxcode
- Foxhound
- Acusaciones Extremistas a GF
- Expulsion del Bunker
- Fiestas de Mono
- Foxday
- Greyfoxween
- Falso Greyfoxween
- Miercoles Fatidiko

Personas relacionadas con Greyfox

Aquí hay dos categorias: a buenas, o neutrales y archienemigos

-A buenas o neutrales:

- Aleandra Otero
- Beata Erreriox
- Pepe III
- Ponte Super Boss
- Espiritus Greyfox
- Elena con Ache
- Luengo
- Maze
- Mohammed
- Nika Telefo
- Riculo
- Torrex
- Arirraza
- Axi el ruso
- Cristina Burbruja
- El tito Mcia

- Endongo
- Gonzalomarco
- Moneymonk
- Peace 4ever
- Redpro
- Soulja
- Vagabundos Míticos

- A malas o archienemigos:

- Andrea del Fucka
- Candeleros
- Ninja de la esquina

<u>Fin de temporada</u>

Aquí es donde se acaba la primera temporada de Greyfoxpedia, cada viernes seguiremos aciendo un articulo, pero no se volverá a escribir freneticamente hasta junio, donde empezara la segunda temporada para llegar a la versión 4.0 (200 artículos) ademas es donde más cosas pasan.

Fuck You 2

Mensaje que transmitían las Fotofuckyou

Foto en la que varias ~~gilipollas~~ personas salen sosteniendo un mechero a modo de aparentar ser subnormales. Se ve que se hizo porque "aquí no las pillan" o eso afirmaban GG, Culo, Prado y compañía.

Los kryux, indignados, decidieron copiarla en plan burla por ~~joder la marrana~~ el bien común del San Agustín.

Tras peleas verbales y otra foto "Fotofuckyou" una gran ~~japuta~~ persona denunció al inocente exkryux Gonzalomarco; tras enterarse, los kryux hicieron la definitiva unión Greyfox y la "Fotofuckyou" tercera y última.

Galardones Greyfox

Una vez estás registrado en Greyfoxpedia, puedes obtener los galardones creando artículos y haciendo greyfoxadas como quemar contenedores, dar un golpe de Estado, poner una bomba en el Congreso de los Diputados, etc.

Va, cojonudo, ¿Cómo me hago Greyfox?

Yo personalmente no me haría socio de ninguna asociación que admitiese como miembro a un tipo como yo, pero Greyfox es una excepción porqe somos los putos amos. Nunca serás Greyfox, porque los verdaderos Greyfox están completos y saben quiénes son; pero a lo mejor hacemos la vista gorda si te registras en Greyfoxpedia, compras una camiseta Greyfox o te bajas el juego Greyfox: *Masacre en Columns*.

Gonzalomarco

En esta foto se puede ver un marco, objeto que le daba apellido a Gonzalomarco

Dios urbano de un curso menor que abandonó a los prijngaos de su curso para vivir la vida kryux .

Acciones con los Kryux

Nunca llegó a participar en ningún Konzyerto Kryux pero participó en varias quedadas míticas.

En el Congreso Greyfox de Hawaii (1947) fue galardonado con el título de "Buena Gente".

¿Qué coño pasó con él?

Las cosas no son eternas y como "Buena Gente" que era volvió con sus antiguos amigos prijngaos y así pudo alejarse de la arriesgada vida kryux en el periodo previo a la creación de la canción final y la batalla definitiva contra el Tito MC.

¿Qué es de él?

Ahora vive en una masía como el abuelo de casa Taradellas y es (al igual que él) adicto al fuet, aunque ha intentado dejarlo sin éxito varias veces internándose en centros de ayuda a politoxicómanos. La última prueba de lealtad a los Greyfox (Por aquel entonces Kryux) fue su etiquetado en la fotofuckyou 3.

Si por algún error estás leyendo esto y eres Gonzalomarco, a cuidarse.

GreyFox Tour

recta final del tour greyfox

Puto mono deja de hacer esta puta mierda de articulos sin secciones y hechos mierda porque luego hay qe editarlos y en la greyfoxpedia no qeremos basuras asiqe curratelo un poco tio, mira el mojame qe bien se ha integrado. El GreyfoxTour es un tour que consta de 14 paradas, no de puta mierda de 7 como dice mono.

Paradas del Foxtour

1. Columna Greyfox: exactamente en una columna donde pone greyfox (pintado por redproblemz) en ese lugar es donde los greyfox se reunen y fuman, se esconden entre las sombras para qe el Red Daddy no le vea fumar.En esta parada hay un mal refugiado detras de su mesa el portero regadero .Su ataque consiste en mojar la columna greyfox para evitar que nos sentemos una vez rego entero a redproblems por su revelion y no se le ocurre otra cosa a redproblems que comprar una botella de 99991 y mojarle su portal despues de eso llamo a la policia jajaj

2. Padel: sitio de prijngaos, pero soulja y moneymonk mearon en las taqillas asiqe a sido **Fox**decido Greyfox-mente aay es donde mas de la mitad de la filosofía greyfox a sido creada.

3. El Chino: soulja siempre le pide fuego y es sitio de abastecimiento.

4. Fuente Greyfox: el primer objeto marcado con greyfox. Es una fuente eurobuildinera donde hay cuevas y pasadizos. Sirvió de sitio de reunion en las primeras semanas de vida de greyfox, y el mismo dia de su creación. Pero mono como puto vagancio se lo salta.

5. El Parqe de los nazis: donde soulja pone musica anarca y donde fue creada la primera fiesta de Mono, tambien esta el estanco, qe aora nos vendeeeen atiende baraka jajaiajiajaojujuaj.

6. Clínica Greyfox: Donde fue marcada la teta greyfox, segundo sitio marcado bajo el nombre oficial de greyfox.

7. Saisa Greyfox: Portal en el que los greyfox se refugian de la lluvia y necesitan smokear.

8. Bar guirigrey: Bar donde rojo mendigaba pitis en primavera de 2011, estacion de la creacion de Greyfox.

9. Estanco Greyfox: Estanco donde solian vender a rojo, pero cometieron el error de poner una camara y dejar de venderle, por eso a su salida pone: En este estanco nos vendian, llamad a la policia! Si no te venden pide qe te compre a un mayor de 18

10. El Bazar Fa: lugar donde nos venden tabaco y shandys (que coño sandis y las maus y las amstel de este verano qe? pfff)

10.1. Santuario greyfox:Subparada del bazar fa, donde hay que realizar un salto tipo assassins creed para entras. Solo lo an visitado soulja y moneymonk.

11. Bunker Greyfox: Zona épica que se narra en "Expulsión del Bunker" donde habia una humedad de elvis y fuimos expulsados por colillear el suelo, luego rojo botelleó al portero y dejamos un bocatar de salchichon que se pudrio a las 4 semanas.

12. Bar del Agua: Bar donde rojo y soulja se abastecian de agua en sus marchas greyfox.

12.1. Banco Greyfox: Zona donde redpro hizo su tercera firma greyfox e invento la mitica Navaja Greyfox.

13. Greyfox Portal: Portal de la Academia Greyfox, donde fue apuntado rojo en la creacion de greyfox y sin la cual nunca hubiera surgido la ultima parada epica.

14. Esquina Greyfox: ultima y mas importante parada es la mitica ESQUINA GREYFOX ajuajuajausjasjausa, aqi se encuentra la cuarta firma greyfox , firmada por redproblemz. Gente que la ha visitado:

- Redproblemz
- Souljavi
- Moneymonk
- Torrex
- Peace 4ever
- Arirraza
- Mohammed
- Super boss
- Luengo
- Arfon
- Tony Broda (hermano de mono)
- Paula MC
- Euch

Greyfox

Escribe el primer párrafo de tu artículo aquí. Y una mierda.

Greyfox

Un estilo de vida que deja a un lado el extremismo y las diferencias para centrarse en alcanzar objetivos propuestos por sus líderes absolutos. Greyfox no se identifica con ninguna ideología ni ley. Actualmente tiene varias ramas que se ocupan de distintos ámbitos.

Para pertenecer a Greyfox hay que enfrentarse a una serie de pruebas físicas y mentales que ayudan a los seleccionadores a elegir a los nuevos reclutas y decidir su lugar en el grupo. De todas formas, ser Greyfox no se elige, y cualquier persona con capacidades puede ser ~~obligada~~ invitada amablemente a ingresar en la organización.

Greyfox se hizo oficial a partir de las fotos "fuck you 2".

La asociación tuvo un antepasado: Los Kryux.

¿Por qué coño se llama Greyfox?

El término Greyfox procede de "Gray Fox", personaje del Metal Gear, ~~y se cambió debido a problemas de copyright~~ y ha evolucionado con el tiempo a la vez que su significado.

Actuales dirigentes Greyfox

-Greyfox Javi
-Greyfox David
-Greyfox Arsu
-Greyfox Paz
-Greyfox Rojo
-Greyfox Torres
-Greyfox Ponte
-Greyfox Mono
-Greyfox Ariza
-Greyfox Pepe

Greyfoxllano Motnam

Es el idioma greyfox evolucionado, es una especie de dialecto secreto para insultar por ejemplo, al que tienes al lado. Tambien se puede usar cotidianamente pero ni es una lengua (mas bien jerga) ni te va entender tu puta madre.

Glosario Motnam

- sinlo: disculpas
- lisenear: oir
- jarraca: anciana
- dian: loco
- tuvia: biblioteca
- fuscha: pelea
- kontonta: dios
- bardo/a: grande
- tazao/a: enfermo
- jano: cabello
- dopo: bastardo
- reki: hermano
- troscar: lastimar
- naca: navaja
- cuangar: arrojar

- bada: vientre
- doro: rico
- trufa: excremento
- petar/dater/petardo: cigarrillo
- japa: oficina
- poqeto: bolsillo
- paca: patata
- tozar: golpear, llamar
- naspa: pico
- chingua: campanilla
- tsaco: entender
- chuvo: gato
- cheto: gato
- catar: morir
- barro: amor
- cracar: golpear, destruir
- jilar: aullar, gritar
- ancar: robar
- perder: robar
- borba: sangre
- muchar: masticar
- chamar: comprar
- bag: té
- capas: sacerdote
- ronder: guardia
- contras: chico
- bufada: tonteria
- zena: mujer
- qaba: vida

- clinar: lavar
- wobo: bruto
- fotsico: extraordinario
- cricho: ruido
- chijar: murmurar
- choga: muchacha
- jarraca: viejo
- kima: dinero
- jaca: bueno, bien
- antro: casa
- fuschar: pelear
- filias: droga
- gefos: amigo
- tinarse: suicidarse
- tedano: Precioso
- baxa: bebida
- gote: ojo
- pacho; gilipollas
- neto: un euro
- jarpa: cabeza
- ases: pechos
- telururo: bueno, bien
- moco:pesado
- petetre:culo

Greyfoxllano Sarraceno

Antiguo manuscrito Gfllano

Greyfoxllano Sarraceno es uno de los nombres con los que la Hermandad del Zorro Gris medieval denominaba genéricamente a la lengua empleada entre ellos. Las palabras Greyfox o Foxoma no se introdujeron en las lenguas europeas hasta el siglo XVII, utilizándose expresiones como "ley de Frank Jaeger", jaegeranos, frankelitas, zorrorenos, grises, etc. para denominarlos.

Ejemplos de palabras y expresiones en Greyfoxllano Sarraceno

Expresiones frecuentes: Qepas (en el GFllano sarraceno no es necesario utilizar signos interrogativos porque se sobreentiende si es que no eres gilipollas)

Algunas palabras frecuentemente usadas:

Kecoño-éses'tô: fibra de henequén

Trasquear: aplastar

Cande: veintidós

Nuria: pedo

Andrea: teta

Paulary: culo

Felis: calvo

Vazuriya: resto (lo que sobra de alguna bebida o comida)

Grumo: corrida

Franco: huevo (no con fundir con el plural, huevos, que se diria Francopor dos)

Justin Bieber: pedazo de mierda, mierda a gran escala

Riada: orina
Cuartel: casa

Bienvenidos a Greyfoxpedia 3.0

El wiki sobre Greyfox que casi todos pueden editar. 130 artículos (No seais cabrones, registraos, entrad en la puntuaciøn) y ayudad a hacer artículos buenos para pasar a la versión 4.0 ATIENDE BARAKA) otra josa, el verdadero test de toda la vida es este http://www.creartest.com/hacertests-62542-Test_Greyfox.php

ARTÍCULOS GF

Colabora con Greyfox

Para escribir un artículo, ingresa el título en la caja inferior.

Greyfoxween

Epicada definitiva greyfox que consta de los siguientes elementos.

Materiales

-72 huevos(que el carrefour no nos quiso vender)

-autobuses

-gente inocente

-portales abiertos

Greyfox y amigosgreyfox participantes

-Azkaman (tambien conocido como piolin)

-Txuskilin

-Torrex

-Rafex

-El otro

-Soulja

-Mohammed

La jornada FOXLOWEEN 1.0 (2011)

Victimas:

-Varios autobuses con familia e hijos

-Obulos abortados contra paredes (huevos de toa la via)

-Porteros, el archienemigo greyfox

-La chaqueta de Soulja

Bah pero cuenta la piziada, qe seguro qe alguna cagada a ocurrido.

Obviamente. Pero lo mejor lo abia pensao dejar para el final. Nah mejor ahora.

Con solo un huevo (como franco jijijijiojo) de municion y una puerta abierta Soulja y Torrex deciden lanzar el "Huevo de la Discordia" (el de franco jijijijio) EL webo fue lanzado a 80000000 milimetros por año a la inversa, haciendo ~~explotar~~ mancharse todo el portal. Hasta ahi todo bien pero en la huidafox aparece el nuevo archienemigo greyfox: El tio del jarsey morado, abreviado Etidejamo, greyfoxeado Jamón. Jamon aparece entre la niebla chelosa de la amargada noche foxween a una velocidad inversa tambien de -4000 hectometrolitricos inversos invertidos. Gritando su frase tipica: VENID PACÁ!! atrapa a Soulja, que como buen greyfox activa su poder secreto: La ultrafuerza adrenalinica greyfox, que usa para destruir la chaqueta, arrancando la manga y escapando. JAMON:0 GREYFOX:1

Premios Greyfox de GFween

- Mejor Huida: Soulja por escapar de Jamon

- Huevo de Oro: ~~Franco~~ Txuskilin por cazar de un webazo a una pava entre arbustos

- Avistamiento de Platino: Mohammed y Soulja por avistar a la que hace de Berta, la mujer del rancio en la qe se avecina

- Pringaos de Mierda: Superboss y Monk por irse a Alcobendas perdiendose la petada Foxween

- Salto hacia atras inverso de Oro: todos a la vez

- Premio por Comerse un ladrillo: Nadie

- Premio por Comerse un premio: Redpro desde Malaga.

- Premio Antifriki: Soulja y Txuski por webada a Warhammer

-Premio parkimetro: Txuski y Mohammed por meter los dos huevos que sobravan en un parkimetro donde las monedas.

Soulja y Cristóbal Colón

El primer Grey Fox en pisar USA-GF(United States of america by Grey Fox) fue Cristobal Grey Colon Fox, en 1492, que fue asesinado nada mas violar a la cuarta indigena.

Uno de sus descendientes indigenas fue Francisco Franco Rojo, que revoluciono las tierras del norte, es el antecesor de Redproblems.Francisco Rojo se tiro a Apolo (el Dios Sol) yf crearon al semidios Ponte.

En 1505 Soulja conocio a Francisco Rojo aprendio de el,y desde entonces acogio el apellido Grey Fox, en GreyFoxlandia(America) Soulja,adopto a dos personas a MoneyMonk y a Redproblems.Aprendieron de el los 506 años sigientes.

Peace 4ever nacio en los ochenta por una aventura que tuvo Ponte fumando porros, y salio hippy.

Hubo una rebelion por parte de Francisco Rojo , que luchaba por la patria, traicionando asi a los grey Fox,se tiro a la bisabuela de Franco(El de la Guerra Civil) y de alli el bando Nacionalista creo a Torrex, un terminator de las epocas coloniales creado para vencer al bando comunista, pero en vez de eso ocurrio algo inesperado, los greyfox le introdujeron un chip que hacia que fuese Grey Fox.

Mohamed I fue el primer Califato de muhusimbatenterotimgemdotten. En 2011 coincidieron todos los grey fox en un mismo lugar y se hicieron inmortales.FIN

Himno greyfox

Txus es un alcoholico Txus esta, nervioso
Tiene alucinaciones
De su ducha sale, alcohol hirviendo
Esto no puede ser
Esto no hay quien lo aguante
Tiene que llevarse
A alguien por delante
Txus esta furioso Txus esta violento
Alguien va a pagar sus nervios
Se monta una bronca
Txus esta en el suelo
Ahora esta contento, muerto
En su tumba hay latas de cervezas
Txus no bebas tanto no pierdas la cabeza
Txus no bebas tanto
No pierdas la cabeza
No pierdas la cabeza!
No pierdas la cabezaaa!!!

Incidente en el que Redproblems fue poseído por el hijo del Diablo y el Dios Greyfox. Se dedicó a atacar Altair tirando palos a las ventanas, a destruir la inocencia de los que le miraban haciendo calvos y amenazando con quemar el colegio mientras Arirraza v3 observaba aterrorizado el suceso desde el interior.

Represalias

1. La proxima vez que pasemos por ahí llamarán a la policía.

2. Casi expulsan a Arirraza v3 por culpa de Redproblems.

Lugar del incidente

(Hemos vuelto unas 76 veces sin consecuencias. Esto nos igualó en maldad con el Tito MC o John Cobra.)

Jarfaiter

Rapero amigo de Casado. Tiene tres canciones con el rapero Denom, llamadas "Gamberros, La Vida Pirata, Flacos y Nerviosos"

Canciones

EN LA NIETA - JARFAITER - VIDEOCLIP OFICIAL

Enamorao de una Choni - JARFAITER (Daddy Yonki Series)

ADVERTENCIA INICIAL: **Rojo** ha planeado este articulo asique puede tener alto contenido **antimargarista** y **antiveintidosista**. Yo transmito sus odios y palabras a traves de los mios, asiqe tiene un cacho de cada greyfox digo yo. Si has leido esto y te la suda porqe eres una especie unica de gangstafari, sige leyendo este pedazo de mierda que es la GFpedia, pero aun asi la lees. Si eres una de las qe apaece en el video no te qejes porqe te suben las visitas.

Asiqe el amor es una gamba

Digo yo, pero translate.gf no va muy bien, asiqe mejor analicemos lo que ha pensado rojo junto a los demas greyfox radikales. Se han localizado varios puntos AntiGF:

- Hony and the bee es una clara usurpacion de Grey and the Fox ~~pero si es Greyfox, gilipollas!~~ OFENSA!

- Rojo odia a margarita ya que segun el y cito textualmente: ~~"Love is a gamble"~~ *"Cantan el cara al sol pero luego votan al PP, qe es de centroderecha, son la verguenza de la FE-JONS al igual que franco, que no conservo la verdadera doctrina falangista, ¿qe son, centrofranquistas?"*

- Y, que cojones, es un video y los videos acen competencia entre si, asiqe este ace competencia al de ninja bley, asiqe es una puta OFENSA!

Comentario ~~jodidamente critico~~ imparcial del video

Bueno han apostado por una nueva tecnica, una mezcla entre paquito el chocolatero, el chikichiki y el robot. Eso si la coreografia esta currada ~~ORLY?~~ y es cierto que criticaremos para echar unas risillas pero esta misma gilipollez pero sin currar podriamos haberla echo con Era Maricon o Txus en cualquier momento, pero al ver esto tardaremos un par de años por lo menos.

Konversaciones (Konv como konvikt siii aahajajojojio) Extremas

CHIPIKAYEI HIJODEPUTA¡¡¡

Escribe el primer párrafo de tu artículo aquí. NUNCA.

Javi vs Rojo 12.09.11

- **Rojo: Bueno te dejo**
- Javi: **no tio sigamos saliendo¡ cortas con migo? te dejo yo desgraciao emos terminado**
- **Rojo: Q me voy ostias**
- Javi: **jaja venga tu a cuidarse**

Javi vs Torres 13.09.11

- Javi: putasssoo mañana comilada greyfox full contact extreme definitive max destroyer ultra sado maso kista depravation indajaus indaburgerfaqer foqinfucafinder titomciada lokurinator masacravidas lacralarvadestroctor de culos verdes finos gordos qe mas da mono con uniformeada meada cagada vomitada peada rascada de rabo ultimatum de bourne loko petaculos vivos culos pelados en carne viva por la erosionada de caca frita con qeso cheddar va? Tu no contestes

- Blanqui: no me mola mono ehh
- Javi: no he dicho eso aun pero escusatio non petita acusation manifiesta

Konvikt

Conjunto de pinzaos que se pusieron ese nombre en tuenti y se dedicaban a grafitear con spray la basura de los chinos.

Miembros

-Monkey Konvikt

-Javichu Konvikt

-Franchu Konvikt

al igual que este perro, Soulja también se vio obligado a vivir bajo un tejón varios meses para no morir de frío.

El Barto, discípulo expulsado de la academia de Homero, escribió esta historia que narra las peripecias de Soulja desde que se abandonó Greyfoxpedia hasta su inevitable vuelta a la acción.

Despilfarros y locura

Con la declaración de Greyfoxpedia Documento Histórico y la obtención de un billón de fóxlares, ~~mandó a aplastar mierdas con botas de tacos~~ explicó educadamente al colegio san agus que tendría que dejar la educación, para así cumplir su sueño de ponerse quirúrjicamente alas e implantar rayos laser en sus ojos, además de recortar una legua de su pene, ya que daba contra el ministerio de defensa de nueva zelanda, y que tampoco es cuestión de matar a todas ~~o sea, ninguna, de hecho recibió el nobel de la paz~~ las tías con las que se acostaba. Se clonó múltiples veces , dio golpes de estado con sus clones en diversos pueblos de la sierra, que ahora son fantasmas. Pero con la inversión de todo su dinero en zapatos ortopédicos brillantes, quebró instantáneamente y se vió obligado a cortarse las alas y devolver los ojos láser, a parte de tener que alquilar varios trozos de su mangorla a ciudadanos chinos. Así su cuenta quedó reducida a 0.

Conversión al islam

Viajó a Jew S.A. y se alistó en los Marines, se separó los ojos, se los tiñó de azul con tinta, puso cara de tonto y se cambió el nombre por

Nicolás Broder, y junto a ariza (el mundo es un pañuelo) que se hizo llamar Juan Caminante, fueron a irán, los capturaron, torturaron, se convirtió al islam y en la tercera temporada de la serie lo ahorcaron porque empezaba a resultar pesao. Así se iba su última chance de ganar pasta. SOlo habia una opción: back to GFLANDers.

Vuelta a casa

Sin poderes y andando, como todo el world, además de arruinao, Soulja volvió a su hogar, Greyfoxlandia, y se reencontró con sus antiguos colegas en el Albergue GF Local, y hablando con ellos llegó a la conclusión de que habría que reabrir GFpeds para comer caliente al menos una vez al mes. Humillado, tuvo que retomar sus estudios en sanagus, con la condición de ejecutar un baile indigayzi a modo de castigo. Allí, en el primer curso de bachillerato que pasó comiendo bocadillos de panceta y nachos con queso en clase , la mayoría de greyfox arruinaron su futuro, que, por otra parte, mono ya había vendido hacía años por eBay. Los que no lo arruinaron fueron enterrados vivos.

La UISE

La UISE (Unión Imperial Socialista Española)

Símbolo de la UISE

Objetivos

Paso a paso:

1. Demagogia para llegar al poder con la mayoría absoluta (traicionando los propios principios)
2. Inventar una fuente de energía inagotable, como la fusión nuclear y lucrarse exportando energía mundialmente
3. Usar esa energía ilimitada para rodear España con un campo de plasma impenetrable y desarrollar armamento de plasma
4. Desatar el reinado UISE sin extranjeros intrometidos

Modelo de gobierno

Se compone de una única cámara en la que los Oradores Supremos siguen la voluntad del Druida .

El Orador Supremo reúne todos los poderes, utilizándolos según el Druida

No hay policía (la gente está tan acojonada que no se atreven a hacer nada, y además los rumanos están expulsados del territorio)

El Vulpecinereísmo es la religión oficial del Estado

Leyes aprobadas

- Derecho de pernada para todo miembro del Parlamento
- Empalamiento para todo el que no pertenezca al Vulpecinereísmo
- Las que el negro con su argolla correspondiente sobreviva

La caza del zorro (foxhound)

lugar donde sucedio el acto

La caza del zorro es la accion de meterse al centro comercial y trucar unos sofas de masaje, que te persigan los guardias y al dia siguiente volver y tirar latas asta que te vuelven a perseguir. Luengo volver a entrar y que te identifiquen y salir echando ostias y finalmente entrar por el parking y escapar definitivamente porque llaman a la policia.

La perdida de mono

La inteligencia greyfox es el instinto de salir por donde as entrao pero mono va mas alla de los limites del pensamiento humano y baja a la ultima planta que no tiene salida para ser definitivamente detenido. :-?

La pathethika mision de rescate

Borja liderando la operacion con el movil como walkitalki y Red y soulja bajando a las profundidades del parkin. Segundos despues aparece un guardia y se aborta la mision.

La prueba de fuego de Mono y Ponte o Greyfoxween Falso

Llamada de soulja a Monk , soulja se enfada con monk. Monk se cabrea con ponte porqe soulja solo se a enfadado con monk.Monk roba 7 redbulls. Compramos 140 huevos. Guerra campal en un parqe y un centro comercial .Un microcar se para delante de dos neogreyfox y dos greyfox miticos, saca una pistola de paintball y nos dispara, cojemos los huevos y se los lanzamos, vamos a un centro comercial unas 40 peronas pijas achantadas de mierda y cuatro greyfox.Viene un grupo de 20 personas lanzando huevos y empieza la gerra, monk se pone el primero y no le dan mientras superboss se esconde, vienen motos de pijoland , nos empiezan a tirar huevos, los 30 pijos achantados no acen nada,mientras los ~~greyfox~~ y ~~neogreyfox~~ sacan 140 huevos,y les empiezan a tirar huevos y monk les empieza a insultar y se mete en un centro comercial , los 20 de pijoland vienen corriendo con huevos a por el , monk se esconde y los pijoland van a por los 40 pijos achantados, ganaron los pijoland y se fueron en moto.A las 12 deciden ir a casa de ponte y acer cocteles ~~greyfox~~ creados por soulja alla en el -3421+1243. A las 3 suben a ver la naranja mecanica y se qedan despiertos asta las 7 de la mañana duermen 4 y se echan una play. Este plan deberia aberse llevado acabo por soulja, y demas greyfox.

Ley de Categorización

Pa añadir kategories con un minimo crit~~ori~~serio.

Categorías válidas

Con más de 5 artículos en ellas. Son las que, junto a las excepciones gf tienen trofeos.

- Amigos de Greyfox
- Anécdotas y Batallitas greyfox
- Archienemigos de Greyfox
- Artículos hechos rapida y jodidamente mal
- Diccionario Greyfox
- Ex-Kryux (esta no tiene trofeos, porque no hay más que editar)
- Historia de Greyfox
- Incidentes Greyfox
- Miembros de Greyfox
- Preguntas Frecuentes sobre Greyfox
- Putus Dmadas
- Reliquias Greyfox

Debido a posibles malos usos de GFpeds nos vemos obligados a lo impensable, poner unas normas.

Ley de Evolución

- No editen artículos viejos y hagan más nuevos
- NO edites cosas donde no eres mencionao

Ojo por ojo, dienche por dienche

Ley de Juego Limpio

- Los trofeos se ganan currando, no añadiendo puntos a mansalva ni con malas ediciones.

Pena para estos delitos

- La primera vez un aviso
- La segunda una represalia
- La tercera PE-puto-OR

León y Dagzs

Flickr, buscas León, y te sale un perro.

Deidad adorada en países como Tíbet, Haití, o los carpinteros de la selección nacional de Tahití (una mezcla entre ambos). Crees que no le conoces, pero sí, ya verás.

Como capitán espartano

La carrera de este hombre comienza en esparta, donde ya demuestra ser gf por tres motivos:

- Ajusticiar a Ariza por preguntarle que era extranjero, que donde estaba, contestándole antes de lanzarlo a un pozo de una patada.

- Añadir "idas" a su nombre, creando una Esdrujuleyfox

- Se le ocurre la idea de suicidarse junto a otros 299 hombres luchando contra un webö de persas.

A causa de esta idea, los trocean y hacen los primeros kebabs de la historia, conservando en aceite la cabeza de León para la segunda peli de 300.

Como Rey

Como todos ya sabemos, los greyfox al morir transmigran su alma, la diferencia con el resto de gente es que sí que se acuerdan de su vida anterior o en su defecto otro gf se la rememberea. Bien pues luego se hizo león (también elegimos en que nos reencarnamos) y dio el braguetazo con la hija del antiguo rey, ascendiendo pronto a rey consorte. Todo iba bien hasta que le preguntaron como se llamaba, y su mala decisión le acompañaría años y años con el suplicio de ser llamado "Mufasa".

Posteriormente su hermano republicano progre Scar decidió no subirlo de un barranco en el que se quedó colgado, proclamándose una provisional República de los Animales, hasta que su hijo retrasado mental Simba ascendió al poder y causó el mayor holocausto de animales histórico (todo el que no fuera su padre) acabando por suicidarse.

Como comunista

Se puso el apellido Trotsky y en consecuencia lo eliminó Stalin con un piolet. Cayó mal toda su tercera vida.

Como Editor de la Greyfoxpedia

Volviendo a su forma original, en su cuarta vida fue de fracaso en fracaso. Pero estos fracasos empezó a echarlos en falta cuando conoció a los Editores de GFpeds en un al~~verga~~bergue y ahora pues ya ves. Es como cuando hablas con alguien que cree que le estás escuchando pero tú solo te estás preguntando cuanto te darían por su legaña en el mercado negro.

Litrocadas

Dicese (cese, perdon ya me largo) de la reunion de cuatro o cinco gf (o menos) cuando en una tarde no hay futuro, pillada, o plan al fin y al cabs ~~vamos, casi siempre~~.

Inicios

Al principio no significaban un suplicio, y la ingesta de una lit te llevaba al desfase. Sus inicios se remontan a la eurocopa del 2012 mas o menos. Una competicion de futbol en la que no nos echaron entre nuestros antiguos rivales y una banda de trinitarios.

Tipo de tarde estandar para litrocada

normalmente tenemos planes geniales que se desmoronan en el ultimo segundo antes de salir. AHÍ, ahi se puede hacer lo que se llama "sentenciar la tarde", es decir, asumir que el dia va a ser la castañada vader y empinar el $Co2$.

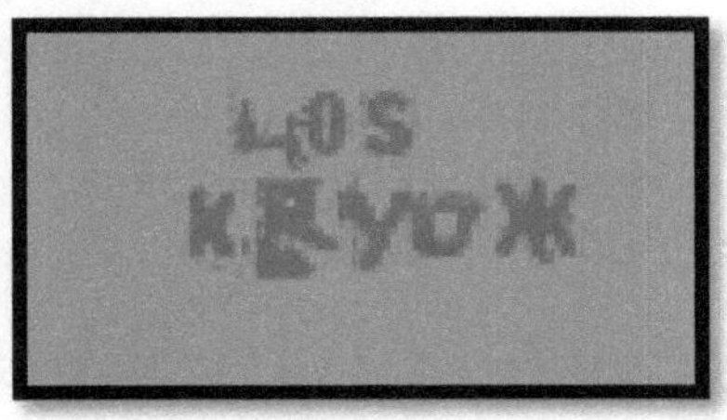

Logotipo de la banda

Grupo de estilo ~~gilipollas que hacen que tocan instrumentos~~ "air band" que se dedicaba a tocar canciones los fines de semana, cuya duración iba de 10 a 120 minutos y gracias a los cuales surgió

Principales Éxitos y miembros de los Kryux

Su primer single es sin duda el de mayor relevancia: "Sin que me veas" de dos horas de duración en el que Greyfox ponte hacía de batería (pinchampumpam), Greyfox javi de guitarra y cantante (wañowawwayynn) y Greyfox david de guitarrista secundario y bajista a la vez (WTF). El flautista guitarrista malabarista Greyfox torrex empezó siendo un espectador que se subió en un concierto a tocar con los Kryux, Luengo se añadió al grupo posteriormente y Saru era Greyfox mono , el cual nunca llegó a ser kryux pero tocaba el triángulo eléctrico.

Ideología y destrucción de los Kryux

La mitología kryux decia que éstos se podían teletransportar en el espaciotiempo y que cuando grabaran su single "No me rayes" se acabarían los Kryux para siempre. En un acto de inteligencia máxima, crearon la canción, destruyendo al grupo para renacer en los Greyfox.

MIAM

cuando el miam de miam miam el miam se miam miam en miam y
entonces fue cuando miam miam miam el miam miam de miam
porqe miam miam y luego miam fue a miam y miam miam a miam
mientras miam miam acia miam en miam asi se creo miam

¿Y porqe miam y no miam?

Pues porqe miam es miam y miam sin embargo es como decir va
pues yo miam en miam donde miam fue a miam y pasabamos.

Money-Monk VS Salchichón

El siguiente diálogo es una recreación exacta de los acontecimientos reales:

Salchichón: A ver boorde , a mí no me hace ni puta graaciia qe estemos en el miismo colegiio vale ? Asiiiqe mira me vas expliiicndo x qe coniio vas diciiendo x aii qe yo te iba a poner los cuernos y taaal y mas aun qe mas te daria si ya me -te deje !!!! Esqe no lo entiiendo sabes !!!

Monk: SI ESTOY EN EL MISMO COLEGIO QE TU, ES PORQE ME OBLIGAN Y SI NO TE GUSTA TE JODES Y NO ME DIGAS QE NO INTENTASTE PONERME LOS CUERNOS POR QE ME LO DIJERON VARIAS PERSONAS PERRA ASI QE MEJOR TE CALLAS

Laura: Puuues si te lo diiigo eso es mentiira y no te los puse xqe pense y xqe teqeria , vale

Monk: Me la pela

Laura: No creo xqe sino no te importariiia tanto !!! comeme el rabo

Monk: calla guarra

Laura: Qe qe sisisisi qe solo lo qe deciiia es qe nos llevemos bien dentro de lo qe cabe pero creo qe pasas no ?

Monk: pendeja

Laura: Loser ...

Monk: zorraguarraputafurciaputa

Laura: Repetitivo , cansas

Monk: a no qe no puedes gordafocamorsa

Laura: No no puuedo verte me das asco , verguenza ....

Monk: PAYASA PUES NO ME MIRES A NO , QE NO PUEDES LA GRASA TE TAPA LA VISTA

Laura: Ya lo hago pero eres tan penoso qe te miro xa ver qe tu fieste mi novio , No ciiielo desde qe me dejaste estoy mas delgada

Monk: AJAJAJAJAJAJJAJA SI NO PUEDES NI PASAR A CLASE FOCA

Laura: Pero no te riiias de ti miismo !

Monk: VALE ME RIO DE TI, ZAS

Laura: Puajajajajajajajajaja anda qe te pongan gafaas ! Jajajaja si o qe ? Pues un pin

Monk: A TI QE TE PAGEN UNA LIPOSUCCION QE NOS VIENE MEJOR A TODOS, ZAS

Laura: Jajajajajajaja no me haceee faaalta gilipollas cuando me conozcas me hablas !

Monk: NO TE QIERO CONOCER GUARRA ME AS HABLADO TU

PAYASA

Laura: Jajajajajajajajajajajajaja si te e empezado hablar xa veer si teniias algo encontra de miii , pero qe sea VERDAD !

Monk: Que te calles, zorra come rabos.

(Fin)

miam no tiene sentido miam¡¡¡

MIAM CONVERSACION CON MIAM VIDEOS:

Maze: vale pero si miam miamos nos mimamos mañana y mima un mima ok? miaam?

Monkey: mima? Miam porqe si miam miam lo miam con miam

Maze: lo miam comprendo

Monkey: y coji y le hize un miam en todo el miam

Maze: que miam estas vives al miamite

Monkey: qe yo miam sin miam qe estoy muy miam

Maze: greyfox es miam tito es miam nyan cat es miam nyan cat es el rey greyfox

Monkey: en efectmiam

Maze: el nos entiende y el de 10 horas miamentiende mas HABLA NUESTO IDIOMIAM

Monkey: miamfecto

Maze: REBEKA BLACK ES LA JEFA GREYMIAM

Monkey: WTF?

Maze: jajajaja algún frikimiam

Monkey: ajajajaj

MIAM ES...

choza abandonada desde donde se escribio esto

Redproblemz comunica a los greyfox.

18.23 , choza de moneymonk

Dia de puta madre hasta que la madre de redproblems , como siempre tocando las pelotas , le olio a tabaco;castigo:2 dias sin salir, moraleja:fuma todo lo que puedas pero sin que te huelan. GF

Encima mono ha caido en la guerra profesoril que hijosdeputa!!!!viva greyfox y viva moneymonk que siempre va a ser el ~~puto amo~~ PUTUS DMOS.

Mision Grey Fox-Monkey vengance-

Ultimátum de Mono

Sobre todo, que no os descubran. (Ya lo pillamos)

Misión	RE-ACTIVADA
Objetivo	Añadir a las firmas GF: VIVA MONO!!!
Recompensa	Cabellera de BUDA=50.00000000000 $
Misión Vengadora Grey Fox	

¡Atope mono!, un greyfox nunca muere!! porqe no le dejan los demas. ajaujieoj

Mohammed Davi Divad David Primero

Protagonista de la versión animada de Disney de la vida de Mohammed

Su vida

Mohammed I para los colegas, fue el príncipe de Persia y combatió contra Aladín; desafortunadamente Aladín trajo al cabrón del genio y perdió Mohammed, teniendo que mudarse a Madrid a vivir la vida Kryux, y posteriormente la Greyfox.

Se desconocen sus orígenes, aunque algunos dicen que es Hitler disfrazado, que quiere pasar desapercibido y vivir lejos de la prensa y la fama.

Información personal

Alias	David, Prince of Persia, Jafar...
Muerte	Julio de 2089, según las previsiones del hombre del tiempo
Vestimenta	Chancletas de cuero, gafas de piscina

	opacas y una túnica multicolor que también es una capa de invisibilidad si te la comes
Animal Sexual	Mariposa
En vida pasada fue	Napoleón

La única foto que existe de él

Moneymonk

animal que da nombre a moneymonk

Descendiente de un guacamayo nazi y un abeto comunista que. Fue Kryuxxx una tarde.Fue Konvict dos meses. Fue suspendido y le hizieron repetir.Fue cambiado de colegio.Fue detenido y devuelto a su casa. Miam miam miam.

Informacion Personal:

Alias	Mono, Monk, Monkey, Smonkey, Patata cocida...
Muerte	Enero del 2070
Vestimenta	Taparrabos ~~invisible~~transparente
Animal Sexual	Hamster
En vida pasada fue	Verdugo de Maria Antonieta

Neogreyfox

Nueva Gray Fox, Dios de los neogreyfox (subdios porque el dios es neogreyfox) segun escribo esto me esta pareciendo una parida extravagante de las bastas, asiqe es completamente una greyfoxada

Gente que no tiene caracteristicas pa greyfox (como Maze que saco un puto -7 en el test) pero a vivido greyfoxadas suficientes para ser alguna pollada tipo greyfox pero con un neo delante. O tambien porque si hay 300 greyfox no tiene puta gracia. Asique 8 Greyfox y 10 neogreyfox como mucho. AUN QUEDAN PUESTOS, BIEN PAGADO CONdiSIONES INHUMANAS; MEDIA JORNADA; NO SE REQUIERE EXPERIENSIA NI CEREBRO (vease Redpro) el ultimo greyfox activo es pepe III .

Gente Neogreyfox

- Maze
- Telefonigga
- tu puta madre
- Arfon (aunque saco maxima puntuacion en test greyfox pero para qe el grupo tenga mas gente)
- Axi el ruso
- ya veremos quien mas porqe no me acuerdo.

pareja de antigreyfox en la sede nazicomunista de Nikafox

Tambien pronunciado telefonigga, telefonika, kilerfaker, fakaniga, nikafox, foxniga , nikasso¡, rabhagarda, chustaverde, cachilaco, makisusi, chikifonchiz, malajaca, choscagorda, nabasuaka, asesino de oteros, el gigolo de la granja. Cabron urbano con elefantosis clitorisal que participo con mas greyfox y neogreyfox en la orgia del taj majal.

Chistorraseca y otras anecdotas inexistentes

Nacido en el 18930 antes de frank jaeger, fue criado en una aldea semichunga griega con el profeta de los webos depilados al cual mato a la edad de 3 meses con una motosierra tipica de la epoca. A la edad de 3 meses y una hora emigro espiritualmente a Foxlandia (no existe) en el archipielago Fox de Alaska (eso si existe) donde comio bichos asqerosos como el hamburguesis del macdonalis o el chikenburgeris del burgeris e incluso llegando a comer pollo del Kentaki fred chiken. Follandose a una cabra cada 3 segundos tardo medio segundo en llegar a la Central Greyfox de alaska donde habia una nota en la que decia: Nos hemos ido al supersol en madrid. Y volvio a emigrar a madrid para comprarse un culo de plastico y registrarse en greyfox. Como todo el mundo puede ser greyfox anoser qe a rojo no le de la gana qitarse otro pelo del ojete, fue aceptado, asesinado y posteriormente resucitado. Ala.

Ninja de la esquina
Greyfox

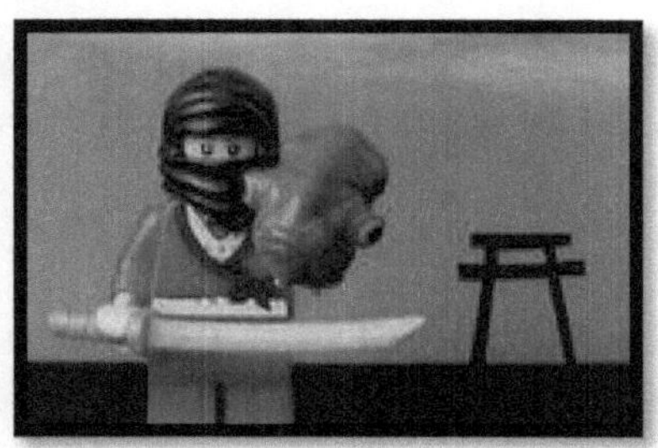

retrato robot del Ninja creado a partir de las declaraciones de los testigos

Es un misterioso ~~portero~~ fantasma o tambien alguien al que le gusta limpiar una pared si y otra no, o quizás el conserje del altair que se dedica a borrar pollas, greyfoxadas y nombres de greyfox en paredes.

Modus operandi

Este hijodeputa idea sus planes limpiamaniacos de una manera tan retorcida que es imposible cazarle:

-Teoría 1: Se llama Paco Rodrigáñez y es el conserje del altair y le an mandao que borre la pared. Pero es imposible poque la primera esquina GF no se veia desde el altair. ~~lo mismo iva paseando lo vio y lo borro como buen ciudadano pero mal greyfox.~~ Teoria rechazada.

-Teoría 2: Es Chema Pamundi, el dueño del taller de enfrente de Greyfoxquina, harto de ver/// FALLO! porque no se ve desde el taller, ademas el dueño es un viejarraka y no se llama chema pamundi, porque es imposible que te ~~llames chema~~ apellides Pamundi.

-Teoria 3: Es Manolo Tachuela, el portero de el portal enfrente del taller enfrente de foxquina, esto es posible a un 70% porque los porteros odian a los GF pero divide la estadistica ya que la esquina greyfox no se veia apenas a 4 pasos de distancia, a quien coño puede molestar?

-Teoria 4: Es alguien de los que fuma delante de la esquina greyfox, trabajadores de noseqe oficina, desde ai aunque solo se ve un 4% se puede ver un poco de esquina GF. Pero porque un trabajador estresao va a borrar una palabra en rotulador.

-Teoria 5: Alguno del gheto antiGF pero es improbable que nadie vaya con una bayeta en la mano a borrar una mierda de esquina qe no se ve hasta que no hueles el hedor a meada fosilizada que desprende.

-Teoria 6: La mas posible. Es uno de Googlemaps! como tiene que acer la foto de esa zona para subirla a Google no queria dar publicidad a los greyfox. Pero, si ya a echo la foto, por que a vuelto a borrar la polla?

<u>Entonemos el Himno de la Esqina (Eh, Ninja!)</u>

WOOOOOOOO

WOOOOO

WOOOOOO

WOOOOO

Eh! Ninja vete a la mierda
La esquina es greyfox y no es tu tierra.

Dices que la esquina molesta aqui
Borrando y jodiendo quieres vivir
los jóvenes greyfox, orgullosos greyskins
tarde o temprano te sacaremos de aqui.
Eh! Ninja vete a la mierda
La esquina es Greyfox y no es tu tierra
Eh! Ninja vete a la mierda
La esqina es greyfox y no es tu tierra.
PODER GREYFOX!
Comenzamos el 5 de abril, llegamos a la esquina y meamos ahi
cualquier otro grafiti podias borrar

pero el de los greyfox no lo vas a tocar!
Eh! Ninja vete a la mierda
La esquina es greyfox y no es tu tierra
Eh! Ninja vete a la mierda
La esquina es greyfox y no es tu tierra.
PUTO NINJA DE MIERDA!
Aprovechas nuestra paciencia
pero pronto usaremos la violencia
los jóvenes greyfox orgullosos greyskins
tarde o temprano te sacaremos de aquí.
Eh! Ninja vete a la mierda
La esquina es greyfox y no es tu tierra
Eh! Ninja vete a la mierda
La esquina es greyfox y no es tu tierra.
SKINFOX
GREY! FOX!
GREY! FOX!
GREY! FOX!

GREY!!! FOOOOOOOXXXX!!!!

La eurobuildinada es la más milenaria y clásica de las greyfoxadas.

Tras mil seiscientas cuarenta y dos eurobuildinadas llega la ultima euracada, a la que hemos decidido llamar "Nueva Eurobuildinada". Esta eurobuildinada ha sido Tipo T. Pero ahi no queda la greyfoxada.

Parte 1: Edificio equivocado

Los greyfox acompañados de borjas y el hermano putus dmos de mono, suben al eurobuildin por la entrada equivocada, asique van al euraca alto, pero que no sirve para hacer las eurobuildinadas tipo T. Tras ver esto el grupo de incursión greyfox se dispone a salir tomando el ascensor. Sin embargo alguien lo para en el piso 5 y se inicia esta misteriosa conversación:

-Grupo de Incursión: Hi!

-Turista inglés: Hi!

-Mohammed: Hola!

-Ariza: Spain is beautiful

-Monk: Give me the...

FIN DE LA CONVERSACIÓN. Se baja el turista y los incursores en recepción y no hay más incidentes.

Parte 2: Bilingüismo definitivo

Esta vez, en el edificio correcto, el grupo de incursión logra entrar en la terraza del piso 7 y las incontenibles ganas de mear provocan la transformación de un frapuccino en un meadapuccino. Tras echar el aceite, solo queda salir del euraca, entonces en la recepción se inicia la siguiente conversación:

-Gerente: De donde venís?

-Monk: Good morning, to the floor 2

-Mohammed: floor 6

-Soulja: floor 4

-Ariza: a correr

Tras una corta huida sin bajas la eurobuildinada llega a su fin.

Hueco donde solía haber una puerta, algún greyfox pasó por aquí

Mucho tiempo, demasiado llevábamos sin greyfoxear como es debido, y esque el invierno amansa. Pero llega el calor y con él las greyfoxadas. Aquí, y gracias a nuestro fiel y chiflado camarada Redpro , viene la primera.

La Greyfoxada pre-greyfoxada

Tras observar un minijardin de los portales de columnas vimos que una de las puertas de hierro estaba oxidada y mal soldada. Como buenos ciudadanos ~~la arrancamos a patadas~~ tuvimos que llevarnosla para arreglarla. Ahora siempre que el portero ve a Redpro le suelta alguna amenaza, como "vas a llorar sangre" o la famosa frase de "muac muac, maricón".

El incidente en sí.

Se ve que llevamos la puerta al Descansillo Greyfox, en el Altair. Allí estaba la que sería el proximo ligue de nuestro nuevo GF, Benin XII . Este ligue es una pava que quiere ser GF y que metió a Arirraza en la friendzone, la llamaremos Maria Oi! porque odia el Oi!. El caso es que hablando con Arirraza y Oi! no sabemos como pero el Descansillo se fue llenando de colillas, latas, cajetas, etc. ¿Resultado? Un profesor cincuenton de Educata fisica nos dice que no lo llenemos de mierda y que se caga en todo. ¿Respuesta de Redpro? Y YO ME CAGO EN TUS MUERTOS!! que si lo sumas a un JOPUTA!! de soulja al huir, te da como resultado una persecución de dos kilómetros hasta el eurobuilding, mientras por el camino redpro seguia retandole.

Que si, que si, pero lo que qiero saber es ¿qué coño pasó con la puerta?

La puerta iva a ser La parrilla GF, nuestro plan era usarla para freír carne en verano verano. Pero algún chatarrero o el mismísimo ninja de la esquina la robó 20 horas después.

Objeto Mítico Greyfox: Los Mendiguantes

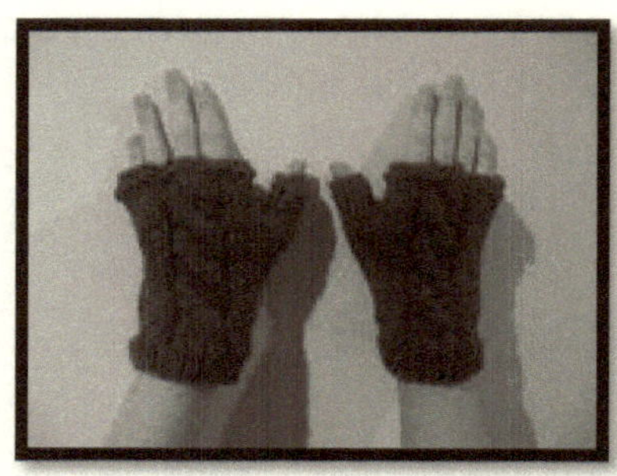

Son los épicos guantes capaces de transformar a Mario Conde en el Piruleta(fallecido, creemos)

Fases (Transformacion)

Fase 1: Inocentes guantes de lana sin ningún poder greyfox regalados a souljacon 4 años.

Fase 2: En 2010 Soulja tiene una revelacion qe dice destruye los guantes con unas tijeras de costura. Haciendo caso a la revelacion destruye los guantes.

Fase 3: En 2011 Soulja viste los guantes pero algo falta... Arrancarles un cacho de enmedio. Asi se convierten en Mendiguantes nivel 2.

Poderes Magicos Actuales

- Huelen a cura fumador compulsivo

- Apuntando con ellos a cualqier vieja puedes provocarla un infarto

- Mejora tus relaciones con yonkis, asesinos en serie, ex-reclusos y porsupuesto vagabundos miticos .

- Te da 1 punto greyfox extra.

Representantes del poder divino del Druida , del cual fluyen sus decisiones.

Por alguna extraña razón, al buscar Orador Supremo sale la portada del Final Fantasy X

Responsabilidades y ~~Privilegios~~ Derechos

- De pernada

Ídolo para todo orador

- Poder supremo
- Supervisan el sistema de puntos de honor

En las frías y yermas llanuras norteñas se alzaban contra la costa cientos de cañones de artillería alemana como las lanzas de los antigüos caballeros del Regimiento Dragón prusiano. Aguantaban estoicamente el crepitar de las olas extranjeras y la rancia comida en lata que les quedaba, y cada vez miraban con más recelo los muslos de sus caballos... El olor a salitre y suiciedad moría con el frío. Sin red de suministros ni refuerzos su derrota se acercaba poco a poco; pues había algo tenaz, casi inhumano, en las ofensivas de los soviéticos. Atacaban como enjambres y pese a que solo uno de cada tres hombres portaba algún arma, su avanzada era implacable, su número, abrumador. Como hormigas en plena lluvia recibían la artillería, sin frenar su avance. Armados con palos o piedras se lanzaban a la muerte.

Las bayonetas se llenaban de sangre, las gargantas también. Y entonces os podéis imaginar cómo acabó.

Orgía del Taj Majal

Lugar de la orgía

Se produjo cuando el gran rey árabe Daviddivadmohamed1 cedió su palacio Greyfox para ocio y disfrute gaysa de los Greyfox.

Gayfox

Los Greyfox decidieron invitar pavas, pero como nadie cogía el teléfono, fornicaron entre ellos, montándose la orgía gaysa más grande del mundo, la orgía del Taj Majal. Maze fue el principal ojetivo para la penetración gaysa. Duró 4 días y hubo borbotones de corrida caliente y ojetes reventados.

El final de la Orgía y el vídeo a GaysaTube

Mientras el éxtasis, éxtano, éxta me gusta éxta me la como yo se producía, un gilipollas lo grababa todo y lo retransmitía en directo a GaysaTube, fundado por Rojo en 1897, cien años antes de ~~chupar su primera mangorla~~nacer. Entonces el rey Divad mohammed enfureció y echó a los ~~gayfox~~ Greyfox a la puta calle árabe, donde fornicaron con camellos (tanto personas como animales).

Puente Greyfox

Parece pequeño pero cada piedra es del tamaño de un Panzer V

Zona residencial de algunos Greyfox , que sirvió de búnker para cuando Redpro perdió todos los fondos Greyfox en un casino trucado por él mismo.

Aquí la gente convive con trols, vagabundos míticos y zombis vagabundos (Véase el Piruzombi)

Gente que vive en el Puente Greyfox

Maze: Fue desalojado de su casa por darle el dinero a su agente de bolsa, el cual resultó ser Rojo, que lo usó para financiarse unas vacaciones a Cuba con putas y barcos. (Donde le apalearon y robaron por ser anticomunista)

Mohammed: Aladín tiro la lámpara con él dentro a un foso de mierda. Un día, Rojo se encontró con ella (Al ser desvalijado en Cuba, frecuentaba fosos de mierda de los que obtenía su alimento). En un principio Rojo intentó comerse la lámpara donde estaba Mohammed, pero al romperse los dientes comprendió que no era comestible. Luengo froto la lámpara con un clínex para limpiarla (Got it). Entonces salió Mohammed y le dijo que el puto Aladín le había robado el palacio. Redpro asesinó a Aladín mientras dormía, pero los guardias les encerraron en un contenedor y lo arrojaron en el puente Greyfox, donde les esperaba Maze.

Superboss : Andy Samberg hacía sombra a Superboss. Al enterarse, fue a darle una paliza, pero mientras apaleaba a Andy Samberg, Rojo, que había escapado del puente, le robó la casa con un remolque que enganchó a una persiana.

Cenas favoritas

- Hormigas rojas (Las negras están mejor)
- Ratas
- Insectos
- Hierba
- Chupar rocas (Las del puente no, porque erosionaría la estructura causando un tsunami de proporciones épicas)
- Cualquier cosa behind the musgo

La historia de Soulja, el empresario traidor

El día 34 de Marbril del año 11012 a las 25:30 llegó un antiguo conocido al puente. Era soulja, que se habia hecho empresario capitalista cabrón y se había arruinado al invertir en Slender Sheiper, creyendo que sería la sensación del verano. Tras estar viviendo con Maze y David un tiempo, les traicionó cuando su empresa resurgió de la bolsa. Luengo la vendió y se fue a Cuba con Redpro. Allí les apalearon a los dos, y Soulja volvió a sus ideales anarcomunistas. Soulja se quedó viviendo en Cuba hasta que le echaron por robarle un puro a Fidel Castro. Finalmente todos volvieron al puente, y ahí siguen.

Fiestas y juegos favoritos

- Hoguera: Saltar y correr alrededor de una hoguera gritando con los restos de las ratas que sobran.
- Guerra de almohadas: Lanzarse ~~piedras~~ "almohadas" unos a otros hasta que alguien se abre la cabeza.

- Luchas: Consiste en robar territorio, objetos, comida, cartón y recursos a las bandas de alrededor como verdaderos vagabundos Greyfox.

- Caza: Ir a cazar hormigas rojas, ratas o piedras usando ~~palos~~ "rifles", para poder cenar después.

- Ordenador: Creado por Maze, consiste en dos piedras atadas por ~~tendones de gitanos~~ cables encontrados en las chozas gitanas que usan para comunicarse los fundadores del puente Maze y David.

opinion sobre palacio de congresos de algunos greyfox

Sitio en el que los grey fox se sienten enjaulados.No odiamos ir , pero tampoco nos satisface.

lo de blaster lo inventaron los greyfox puto geyto gaysas PUTO GEYTO PUTO GEYTO!

HEIL GREYFOX!

(eh, amiiiiigoss o algo mas?)

BEEEEEEEEFFFFFbUrGER

Sé lo que estás pensando. ¡Rosas azules!

Este artículo ha sido creado por Ponte y Soulja. Por favor, las denuncias nos las dais por separado. Ayudante de Andrea del fuca (Seh a lo fabe de fuca) en su plan por eliminar a los Greyfox para dominar así el mundo. Al mismo tiempo Riculo tiene un plan secreto para asesinar a Fuca una vez esta llegue al poder para hacerse así ella la jefa ~~reunir las 7 bolas de dragón para resucitar a los Greyfox y usarlos en contra de fucka cuando resurja~~ pero a no ser que sepas leer bajo una fina línea de tachado nunca descubrirás ese plan.

<u>Características</u>

- Es neutral

- Hace planes

- Se puede introducir en sueños eróticos

- En los sueños eróticos de Rojo todos los personajes del reparto la conocen y la saludan porque siempre pasa por allí

- Tiene un chalet a las afueras de Rojilandia, el pais de los sueños de Rojo, un pais extraño pero Greyfox.

- Tiene 6 de las 7 bolas (Got it) de dragón

- Los Greyfox aun no han sido asesinados

- No queda mucho
- Paece qe...
- Sabe que el iPod Chufle es una puta mierda al igual que todo el mundo
- No sabía que me cargué el ipod ayer hasta que lo leyó aquí
- Yo sí lo sabía
- Ponte se queda sin ideas
- Me chutaré greyfoxalina para seguir
- No lo sabe, pero Rojo tiene un plan para violarla, al igual que a todo el mundo
- Yo violé a Rojo
- No sabemos perrear
- A ponte se le ha ocurrido algo
- Ah pues no
- Como es neutral no la insultamos
- Pero si es neutral no es Greyfox
- Así que ¡muerte!
- Acuérdate de resucitarnos
- A Rojo no hace falta
- MACRO
- Empezó a fumar durante un día
- Lo dejó
- Rojo se excitó al saber que fumaba
- Rojo se excitó al saber que lo dejó
- Sólo pudimos racanear 3 pitis
- En verdad no fumaba
- En verdad sí
- De cualquier modo, Rojo se excita

Peace 4ever

Cuando el monstruo del lago ness fornico con la paloma de la paz salio un demonio necrofago que al ser aplastado genero varias crias. Matamos a todas excepto a Peace.

Informacion Personal

Alias	Paz, Jaime (nah), Asesino de perros...
Muerte	Abril del 2099 (a la vez que torrex??)
Vestimenta	Un calzoncillo pintado en acuarela
Animal Sexual	Rana
En vida pasada fue	La voz del pueblo

Promesa greyfox culturaclasicista cordobista andalucista porrerista fumetista definitivo que andrea alias ehvale intenta corromper porque ~~la pone burrota~~ le cae bien igual que paula rico a la que tambien ~~la mola cacho~~ le cae bien

Origenes

La centralita greyfox en cordoba empezo a exterminar personas al azar y luego pensaron en raptar a uno al azar y este fue sustituido en el mercadillo greyfox por pepe tercero.

¿Que ha echo esta persona inocente para ser greyfox?

La explicacion es facil, hablar a rojo en andaluz haciendo que le entrara la morriña patriotica españolista y le capturara a lo pokemon.

Perex

Perex, what else?

¿Que que es Perex? quien? jajaja si no lo sabes es que no eres lo suficientemente gf, pero no te preocupes, en el cursillo para gf de pega te lo explicamos ahora, si es que puedes entenderlo pashasho.

Historia

Guzmán Felipe Pérez "Perex" fue un agente de la C.I.A. que investigaba a un supervillano, que al final resultó ser él mismo, esquizoputafrenia lokillow. Tras saberse el entuerto lo metieron a hostias a un sijiatrico, donde tambien estaba angelina jolie en la peli esa de ~~clean~~ clint eastwood. Tras una amplia deliberación se le condeno junto a un paleto canibal llamao cletus a la pena de muerte conocida como "tronchador" .

Posmort~~adelae~~m

En una mitica firma tras un pub irlandes,   invoco por casualidad(? no lo creo) a Perex, devolviendolo a la vida en forma semiespiritual de ayuda a los GF y a pesar de su cara siniestra y terrorifica, no es peligroso, a no ser que no seas gf y tengas una tele en tu cuarto, entonces saldrá de ella esta noche porque al igual que santa claus puede ver todo y te torturará hasta transformarte en mortadela de aceitunas. (Grábanoslo, Perex).

Explicaciones de algunas eminencias sobre Perex

- *"Están los que no creen en Perex, luego están los ~~no devorados por Perex~~ greyfox"* -Sobremazas.-

- *"Es... como un eructo reprimido hace años que medio sale"* -Dalai Lama.-
- *"Es más una forma de vida"* -Elvis Presley.-
- *"El único judío bueno"* -Adolf Hitla.-
- *"El único antisemita malo"* -Rabino Walter Levi.-
- *"Él tacha las frases de Greyfoxpedia"* -Lamarck.-
- *"Es lo que te hace cantar canciones en medio de exámenes, lo que posteriormente causará tu suspenso en él"* -Iosif Stalin.-
- *"Qué va, no era judío, humor austríaco"* -Adolf Hitti.-

Perreo Greyfox

Hoy es nochee de cheelee..

Tecnica de caza greyfox qe se usa para violar con ropa. NO alaba al regeton. TODOS los greyfox ODIAN el regeton excepto torres al que se le permite por llegar a mas de la ronda 4 de los zombis de call of duty, cosa qe ni mono ni yo hemos conseguido.

Actuales victimas

- Torrex (el perreo greyfox es bisexual)
- Irene Sanzung
- Tu madre
- La mia
- La de todo el mundo
- Yo
- La nuri de baraka
- la vyruelas

Proximas victimas

- Tu
- Tu familia
- Tus amig@a
- Cualqier pèrsona mencionada en greyfoxpedia
- Me ha salido una e francesa
- e no es tortilla abreviado

- No siento las piernas¡
- Obviamente no soy rambo, se me han dormido de tanto bagear y greyfoxpediear
- A mi abuelo le ha llamado mohammed y no es david
- Mi abuelo no es mi polla arrugada

Practicantes del perreo greyfox

- Redpro
- Soulja

Sabias que...

- El perreo greyfox no tiene NADA que ver con el perreo?
- El perreo greyfox trata de golpear culos con tu miembro viril ~~tiene nombres mil~~?
- Tu no sabes greyperrear?
- Yo si?
- Ahora ya lo sabes?
- Yo aun no?
- Si la victima se deja greyperrear ya no es perreo greyfox porque tiene un 87% de violacion?
- La vida es una ilusion?
- Dios soy yo?
- Vas a catequesis a que te hablen de mi?
- Si dios no existe como he escrito este articulo?
- Soy ateo?
- No creo en mi mismo?
- Soy modesto?
- El perreo greyfox SOLO es posible con "Una vaina loca" o "Noche de Sexo"?
- Estas dos canciones solo son validas si las pone torrex?

- Estas dos canciones tienen una version ridiculizadora greyfox: "Una mangorla loca" y "Noche de Chele"?

- Tu tambien tienes una version ridiculizadora greyfox?

- Esto ya se ha acabado porque empieza Jose Mota?

Politica Greyfox

Es lo que pasa cuando combinas el fascismo de torrex, la tonteria mental politica de rojo, la anarcoderecha de mono, el anarcomunismo de soulja, el neutralismo de ponte, el anarconormalismo de david entre otras polladas idealisticas greyfox y las mezclas con una gota de chele mitico explosivo.

Pero que coño dices tio eres un melenudo, te vas a caer en mi nudo

Jaja, yo soy greyfox, estoy ESPECIALIZADO en esquivar nudos. pero si no lo entiendes pongamos un ejemplillo tipo frikipedia:

Usted tiene dos vacas los greyfox se las tiran, se las comen, las vomitan manchandote los zapatos nuevos, se tiran a tu pareja, te queman la casa, rojo te hace un calvo y se van

A ya lo voy pillando, y ya esta no?

OBVIAMENTE NO. rojo vuelve y te tira una botella

AAAA Ya no?

OBVIAMENTE, NO. Vuelven al dia siguiente soulja y rojo a quitarte todas las cervezas y cigarros

Me puedo ir ya?

OBVIAMENTE, NO. porque digamos que se te ocurre donar ropa al 3er mundo y esta delante de un grafiti greyfox. Muy bien, pero NO EN GREYFOXLANDIA, porque entonces llega rojo y te qema el contenedor

A va tu muy divertido, pero ya me largo

MUY OBVIAMENTE, NO¡ porque para acabar llega una semana antes de las elecciones todos los greyfox y te riegan con gasolina, luengo rojo lanza un cigarro a tu entrepierna y sayonara.

Ponte Super Boss

Andy Sandberg interpretando a Ponte en el vídeo musical de Like a Boss

Descendiente de un dragón adicto al crack.

Información personal

Alias	Dios, Ponte a cuatro patas, Semáforo...
Muerte	No calculada, al preguntar al Druida se le fundió el cerebro y murió entre espasmos mientras gritaba "Pene" a pleno pulmón
Vestimenta	Tanga de hilo dental y abrigo de visón
Animal sexual	Pavo Real
En vida pasada fue	Dracula

Prijngaitis

La prijngaitis es una enfermedad causada por un virus y un síndrome, que en la actualidad afecta a un grupo extenso de la población en los países desarrollados. Es la unión de dos condiciones médicas diferentes, el pijismo y el síndrome de Prings.

Ejemplo de caso muy grave. Se recomienda paliza y/o empalamiento

Síntomas, tratamiento y prevención

Los primeros síntomas tardan bastante en aparecer, y el contagio no suele producirse a menos que el individuo mantenga relaciones de cualquier tipo con una persona infectada. Estos síntomas incluyen:

- Necesidad de comprarse ropa, pudiendo llegar a la violencia en caso de falta de dinero (Es raro que a los afectados les falte dinero, puesto que las personas con pasta son más propensas a contraer la enfermedad)

- Cambios en la forma de hablar, pudiendo ser leves o muy severos hasta el punto de dañar el oído interno de sus interlocutores

- Arrogancia

151

- Egocentrismo

- Conductas homosexuales (Sólo en casos graves)

- Si el virus muta a su variante H1P5T3R el aquejado siente fuertes deseos de comprarse productos de Apple, gafas sin cristales o sin graduación y bufandas aunque sea verano.

No existe tratamiento en la actualidad, aunque si el caso es muy grave se recomienda un tiro en la sien (EN LA SIEN, ES IMPORTANTE MATAR DE FORMA INSTANTÁNEA AL AFECTADO), un bañete de ácido o una rociada con un lanzallamas.

Origen e historia

Las dos condiciones de las que se compone esta patología ya existían en tiempos de Jesucristo, e incluso antes, en los tiempos de Telesforo I, rey de Babilonia. Numerosos escritos datados de esta fecha detallan las formas en las que trataban de paliar los síntomas. Alrededor del año 1111, un brote de una enfermedad extraña empezó a surgir en Oriente Medio, pero allí a los maricones los linchaban, así que la enfermedad permaneció en reposo hasta los años 80. En 1882 hubo una explosión de afectados: Más de un tercio de la población de Occidente estaba infectada. Las autoridades de los Estados Unidos intentaron hacer algo al respecto, pero fueron incapaces de hallar una cura a tiempo y con los años se olvidaron del tema.

Se estima que hoy en día hay 120.957.467 personas con la enfermedad, y el número aumenta cada año sin parar.

Profesor Titular

Características comunes

Se dedican a tocar las pelotas y a hacer la vida imposible.

Serán el primer objetivo de Greyfox cuando alcance la dominación mundial.

Que hace un greyfox al ser invitao a una discoteca light?

Se resume en lo siguiente, un greyfox pasa a los otros gratis peeero es detenido una semana antes y se cancela todo.

CUando consige pasar se limita a esmoqear en los baños e intentar escapar de ese infierno pero es imposible asta las ocho donde se dispersa el grupo greyfox.

La opción B es conseguir que te echen.

ejemplo de discoteca light(si alguien quiere fliers o vip o ser rrpp consultar a mohamed)

Articulo donde se cuentan los ultimos cotilleos enplan viejas de aqui no hay quien viva

radio patiio

Aleandra Otero + Maze (Dr23

Seeeehh ti@@@ acojnante.

Lugar	Metro
Hora	yo qe coño se pero el domingo 25
Motivo	esta claro, la frase secreta de sobremazas

Peace + Bea (No Herreriox)

Si esqe se venia veir (toma frase inversa greyfox)

Lugar	I dont know

Hora	I dont know
Motivo	La frase de sobremazas descubierta por paz

MAZE + PAULA RICULO

Cuando me lo an dicho se me a caido la cartulina. Lo sentimos maze, pero no hay secretos para gfpedia

lugar	Fiesta de lopez (y suficiente a aguantao callandoselo a greyfox, -5 puntos gf)
hora	a alguna seguro
motivo	la frase de sobremazas

puto amo mohammed

Otero + Mendi

Lugar	En algun lugar de la mancha
Hora	Unespected Error
Motivo	?

Bea Erreriox + Axi El Ruso

Lugar	Debajo de la casa de
Hora	Por la noche el 8/11/11
Motivo	La frase de sobremazas en realidad solo era una derivacion de "La Frase" de Axi el ruso.

Moneymonk + Noseqe Lofyu

Lugar	Todos tenemos una replica, around the world, todos tenemos una replica, ARAUN DE WORL!
Hora	sobre las 28 y 67 en cuarto menguente del ciclo lunar-solar principal
Motivo	no sabemos pero tampoco es de mucho interes. ~~quien opine lo contrario GET THE FUcK OUT!~~

Maze + Jarabe (ese mote no esta currao)

Lugar	O.o
Hora	a la hora en la qe le dijo qe se la chupaba si salia con ella
Motivo	la frase trilingue de marcus "cest inda archipielago" revertida a una proposicion de mamada

Axi el ruso + La chiqui de galicia (Belen alonso)

Lugar	No se porqe an vuelto 706 veces y cada vez van a un sitio
Hora	mirala en el reloj (reloj=clock=dethklok! dethklok! dethklok!) mirala en el dethklok
Motivo	mirada al suelo con morritos de belen

Riculo + Falangansta

Lugar	Barrio de Salamanca (al sur del bronx)
Hora	Hora pija (reloj de ~~oro~~ PLATINO
Motivo	Pijismo

Riculo + Cho-Ming

Me salto la inutil tabla ya la hare

Otero + Andre

Ya are la tabla

Vida y traumas

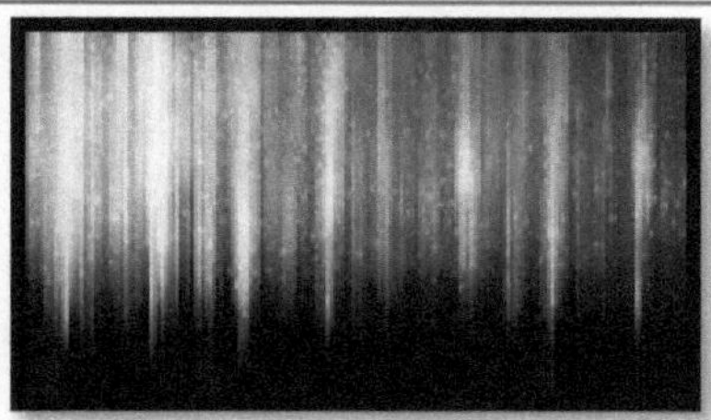

Era rojo y amarillo y verde y marrón Escarlata y negro y ocre y melocotón Y el rubí y aceite de oliva y el violeta y el cervatillo Y lila y oro, chocolate y lila Y la crema y rojo, plata y rosa Y el azul y el limón y rojizo y gris Y morado y blanco y rosa y naranja Y el rojo, amarillo, verde y marrón Escarlata y negro y ocre y melocotón Y el rubí y aceite de oliva y el violeta y el cervatillo Y lila y oro, chocolate y lila Y la crema y rojo, plata y rosa Y el azul y el limón y rojizo y gris Y morado y blanco y rosa y naranja Y azul ..

Padre del bisabuelo de Satanás, engendrado por una salamandra tuerta a la que Marilyn Manson le arrancó el ojo para meterle la polla por el orificio. Tras su difícil infancia en el Bronx viajó a Bel-Air con su hermano, y pudo encontrar a su abuelo Will smith al reconocerlo años después en un anuncio de prostitución travestida. (Al menos eso dice)

Información personal

Alias	Rojo y verde y lila y rosa y morado y azul y negro y magenta y dorado y plateado....
Muerte	Noviembre del 2072, según las predicciones del Druida Supremo de la UISE.

Vestimenta	Minifalda escocesa de oro y cristal de botella de cerveza incrustado en el pecho.
Animal Sexual	Mono.
En vida pasada fue	Verdugo de María Antonieta, tambien conocido como Berengario el Tractorista.

Resurrección de Napo

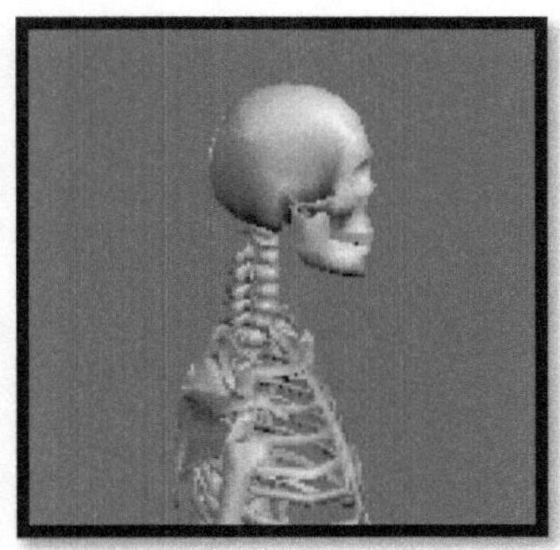

Radiografía de Napo durante el incidente

Narración de una Leyenda Marina Greyfox sobre la resurrección del Mesías. (Napo)

Lo ocurrido

En el piso de abajo del antro de Trasanc's Party murió el Mesías.

Traicionado por sus rodillas, se abrió la cabeza contra un lavabo del averno que succionó su alma y le dejó tieso durante tres días.

"Me voy" fueron sus últimas y proféticas palabras.

El ambiente se tornó punzante, las risas ante lo ocurrido degeneraron en espasmos arrítmicos y escupitajos de espuma. La huida de la escena macabra fue planteada.

Todo parecía perdido. Parecía el día en el que nos abandonaría. Pero no fue ese día.

El Mesías se levantó lentamente. Un chorro de luz inundó el habitáculo desde el retrete.

El cielo tembló y las mujeres empezaron a correrse.

Ríos de alcohol y sudor brotaron de los lavabos y todos pensamos en morir en medio de una orgía de murciélagos.

Pero entonces el Mesías levantó un brazo. Las nubes cristalizaron y cayeron. Empezó a bailar.

Bailó hasta que su cuerpo se esfumó en una nube de sudor ácido. Murió, resucitó y bailó.

Bailó.

Cartelera de la serie

Es una serie con espíritu greyfox, 3 actores y personajes que no suelen sobrevivir más de 4 capítulos seguidos. Se representa en cualquier sitio y los guiones se improvisan en el momento. Las batallas se basan en el presing cach, no hay atrezo ni mierdas, es una serie a pelo.

Reparto

-Soulja VI: El Comisario, Juancho, A.C.M.1.P.T, Jarpacuero

-Juliche: Rodrigañes, Juancho Jr, Parsiano

-Kino Dertoten: Kino, Kino Jr, McHonagay

Temporada 1

Kino llega nuevo a la ciudad donde se encuentra con un comisario llamado el Comisario que aunque es desconfiado y cabrón, protege a kino de los kings, una banda latinohawaiana de la ciudad, que intenta asesinarle por no tener camisas de flores. Un día el jefe de los kings, Juancho, decapita al Comisario y su compinche Rodrigañes obliga a kino a mirar. Tras esto kino, que tambien era policia, asciende a comisario, el puesto de su amigo asesinado. Pronto captura a Juancho y le somente a un violento interrogatorio, pero Rodrigañes entra en la comisaria y asesina a Kino a sangre fria, metiendole una patata cocida en la boca como símbolo de los kings. Meses despues el hijo de kino, Kino jr. viene al funeral de su padre e ingresa en el cuerpo de policia. Alli planea su venganza contra los Kings, y un día atropella a Juancho y lo lesiona, y antes de que pueda escapar, lo descuartiza con un pelapatatas a modo de asesinato irónico. Esa noche, en un polígono industrial donde no puede faltar una vaya, aparece el ninja del futuro A.C.M.1.P.T a lo terminator. Viene del año 2050 al 2030 donde se desarrolla la historia, para exterminar a los Kings. Tras varios altercados urbanos y detenciones, Acm1pt esta fichado por todas las autoridades, lo que le hace odiar a Kino jr, su medio-primoabuelo de madre. Semanas despues Kino jr esta en una cafeteria donde se encuentra con Rodrigañes y hablan sobre hacer una alianza para acabar con Acm1pt. Mientras contesta Rodrigañes, el puñal de Acm1pt le rebana el esternocleidoloqesea y ensangrentea todo. Kino jr Jura vengarse, y en ese momento el hijo de Juancho, Juancho jr descubre la localizacion de Kino jr, al cual odiaba tras el asesinato del pelapatatas a su padre. Asique le sigue durante un tiempo y un dia que va a un sadomasoclub se disfraza de dominatrix y le intenta ahogar, pero alguien le deja inconsciente a el y a Kino jr y ambos despiertan en una sala tipo saw. Ahi Kino jr tiene que untarse acido corrosivo en la lengua y chuparle el prepucio a Juancho jr para deshacerselo y encontrar la llave que estaba situada dentro de su glande. Una vez conseguido abren la puerta y encuentran una colmena de avispas que tiene que comer Juancho Jr hasta encontrar la llave que hay en una de ellas. Una vez lo consiguen, salen e intentan coger a Acm1pt, autor del secuestro, que se va a toda ostia en triciclo, no sin antes atropellar con este triciclo a Kino jr, que muere en el acto. Finalmente Juancho jr llega al hospital donde calman el dolor de las picaduras de avispa y tres meses despues, ya rehabilitado, va a buscar a Acm1pt que le espera escondido en un arbusto. Mientras tanto, el hijo del Comisario, el inspector bisexual McHonagay, va a buscar a Juancho jr para asesinarle por el asesinato de los Kings a su padre. Los tres se encuentran en el bosqe de Blazqez, uno de los mas frondosos del mundo. Alli se libra la batalla final de la temporada donde

McHonagay se venga de Juancho jr partiendole el cuello con la devastadora Llave del Alacran Columpiao, mientras que Acm1pt escapa tras asestar una puñalada en el brazo a McHonagay que malherido llega a un autobús y sube.

Temporada 2

En el autobus, McHonagay llega a un puticlub gaysa, donde fornica analmente con Jarpacuero, el puto mas barato y gonorreosico del sitio, pero que tiene el poder de curar las heridas cuando sodomiza a alguien, y ahora es el novio de McHonagay. Mientras en un opencor de carretera, como cagado por el techo, llega Parsiano el alienigena, que al salir se encuentra con ACM1PT, que esta comprando pan, y le propone matar a McHonagay juntos. Pero ACM1PT como viene del futuro, ya conoce a los alienigenas y sabe que son unos traidores asquerosos (aparte de que son todos homosexuales ya que son todos del mismo genero y tienen solo culo, ni rabo ni chorbo) asique insulta a su especie y intenta huir, pero Parsiano le rebienta la jarpa con sus poderes mentales.

Series Greyfox

ATIENDE BARAKA!

Series epicas calificadas de EPIKISIMAS por greyfox o solamente que alguno de nosotros lo ve.

Series Oficiales Greyfox

- La que se avecina 14/25
- Aqui no hay quien viva 23/25
- Modern Family 22/25 (guiño a sobremazas)
- Frank de la jungla 18/25
- Padre de familia 24/25
- American dad 22/25 (otro guiño no gaysa a maze)
- Me llamo Earl 20/25
- Museo Coconut 23/25
- La hora de Jose Mota 26/25 (idolo de soulja)
- Casi Humanos 23/25
- Prison Break 21/25
- Aida 20/25
- Que vida mas triste 25/25
- Vaya Semanita 25/25
- Y dentro de vaya semanita EL JONAN 27/25

- Los simpsons 22/25 (guiño que pronto sera tic en el ojo (no orto)
- Big Bang 24/25
- El Ultimo Superviviente 20/25
- Padre De Familia 19/25
- Malcom In The middle 17/25
- la hora de jose mota? esta puesta
- cruz y raya 20/25
- camera cafe 23/25
- Chicote 24/25 (pero qué mierda de puntuación es esta, tío?)
- tu si que vales? ni de coña
- el hormiguero?? ya veremos

Sistema foxpost

esto es un periodico, no el foxpost

Como hubo una epoca muy buena para greyfoxpedia, pero pronto cayo en su fria tumba, vamos a tomar un nuevo sistema de publicación, el foxpost.

Si nadie lee esta mierda, ¿qe mas da?

Ya bueno es cierto, pero resurgirá. Este puto sistema trata de publicar solo los viernes. Cualquier gilipollez que pase un viernes irá a GFpedia. Ademas desde GFlandia vamos a empezar a tuitear y destruir civilizaciones. Hay que volver a los tiempos dorados ~~mas bien plateados~~ de greyfox.

Va a dar igual

Probablemente, pero ganaremos artículos. Además hay qe reformar radiopario gf con nuevos cotilleos, resurgiremos Legión 76!

Skinfox

El término original se referia a un proyecto de modificacion interna de greyfox, qe consistia en convertirse en otra banda skinhead mas pero sin ningun ideal fijo. Al final esta idea (de rojo obviamente) se rechazo en la Asamblea y pasó a ser el nombre de las botas de soulja, las Skinfox.

Sobre Skinfox como banda

Fue propuesto en el mes 1 antes de GF por Rojo, que estaba en su epoca nazi, pero fue inmediatamente rechazado ya que greyfox iba a ser y fue una asociacion libre donde cada uno puede ir vestido, travestido o peinado (o peneinado) como quisiese y asi es y seguira siendo. La idea le resurgio un dia antes de su foxpleaños, el 19 de rojero al ver las skinfox, incluso se elaboro una pancarta apoyando la iniciativa donde aparecian todos los greyfox con el gestfox bajo la frase "No ideologies, no problemz, still GF." La iniciativa se paro debido a que ser skinfox ya te compromete a modificar tu aspecto y comprometerse a hacer cosas NO ES GREYFOX.

Actualmente Skinfox ha sido rechazado como crew pero ha sido aceptado como término para definir botas militares que pertenecen a un greyfox. Quiza sirva para algo mas en el futuro, pero eso nos la sopletea, porqe como decian los joni and de bi, el amor es una gamba ~~shit he repetido una coña, pero a modo de tocapeloteo.~~

Soulja: qe coño te pasa con mono qe e visto la conversacion esa

Laura: puajajajajajjjajajaja qe te peten, qe qe me pasa qe estoy harta de qe vaya diiciiendo eso, noo jodas va ?

Soulja: qe pringada porsupuesto qe vengo a joder y aun me qeda tarde y siqe le pusiste los cuernos

Laura: ui siiiiii con mi amigo invisible no ?

Soulja: qe no, con uno de tu pueblo, qe me lo dijo rocio burbuja en su dia

Laura: puajajajjjajajajajajjjajajaja si o qe ?

Soulja: eres tonta qe si te e dicho coño

Laura: jajajajajjjaa ya no sabeiiis ni lo qe deciiis

Soulja: si, lo qe pasa qe tu eres gilipollas y no lo entiendes

Laura: puajajajajjjajajajaja no niñooo lo qe pasa qe soois unos puttos cerrados de menteees niñato

Soulja: pero qe dices? asiqe lo reconoces? va pues ya esta si esqe eres gilipollas

Laura: nooo lo qe diigo es qe es mentiira y qe no qereiiis aceptar la realidad, gilipolllas !

Laura: bla bla bla qe paso de tiii gilipolllas ! anda vete a aburrir a otro a qe no puuedes feo puajajajajaja dejame en paz

Hermano gemelo de Souljavi

Doctor chiflado y maníaco obsesivo compulsivo bipolar exconvicto que anda por el techo y destruye la inocencia de los niños diciéndoles que Él mató a Santa Claus con una ametralladora de condones usados por Buda.

Vidorra

Se volvio blanco y perdio el juicio de reclamacion de copiaderechos contra su clon negro, segun el juez, porque ~~su historia era lo mas ridiculo que había escuchado en sus cien años de carrera~~ le habian sobornado.

Hoy en día Soulja vive debajo del puente Greyfox, aunque a veces sale para hacer greyfoxadas de las antiguas.

Información personal

Alias	Javichu Konvikt, el sexto soldado, el pinzao de la esquina, pelirrojo, negrata, chinata...
Muerte	Enero del 2075, como le fue revelado

	el 31 de febrero de 1992
Vestimenta	Una pegatina en el frenillo del rabo y nada mas (NADA MÁS)
Animal Sexual	Rana
En vida pasada fue	William Wallace

mas o menos esta sensacion pero sin antifaces

Nuestras antiguas okupaciones al eurobuilding han vuelto. Como en la primera greyfoxada, cuando fuimos a la mitica terraza del piso 4, pero ahora a la azotea, que ya esta debidamente pintarrajeada.

Expedicion 1

Los incidentes destacables son:

- Subida de 16 pisos a pie
- Bajada de 16 pisos a pie porqe no habia mechero
- Varios encontronazos con albañiles
- Pasada por la sala de juntas
- Mangacion de cuchillas de afeitar, cremas y sacacorchos
- Caricaturizacion de una polla en una libreta del jefe de mantenimiento.

Expedicion 2: Foxtop

Los incidentes destacables son:

- Esta vez en ascensor

- Paseo por una exposicion de cosmeticos en medio de un discurso

- Persecucion de a pocos de un guardia

- Perimetro por toda la azotea

- Meada en la azotea

- Pintada en la azotea

- En la recepcion lo tipico que un guardia le dice buenas tardes a un señor y sales corriendo

Hermano diabólico del Tito MC engendrado por una duende de cocina y Voldemort.

Biografía

El Señor Oscuro, tras numerosos meses de viaje por España, aterrizó en Barcelona con los huevos como dos sacos de patatas. Durante su visita a la torre Big Dick, se le antojó echar un polvete, y como los únicos habitantes de la torre eran trols, duendes de cocina, wombats y zarzas silvestres, agarró una duende que pasaba por ahí y la rellenó como a un pavo. En posteriores visitas Voldemort engendraría a otras abominaciones como el Tito MC, Jimmy Staka Duggan y bastantes luchadores de la WWF. Torrex pasó una infancia relativamente normal en el edificio que le vio nacer hasta que se cansó de tanta polla (El mobiliario de la torre Big Dick está diseñado al completo por Mario Vaquerizo) y se fue a ver mundo.

Información Personal

Alias	Torres, El Españolista
Muerte	Abril del 2099, predicho por el Druida Supremo de la UISE basándose

	en la forma de las zurraspas después de tirar de la cadena
Vestimenta	Un delantal con tetas postizas, pantalones cortos a la altura de los hombros y calcetines florescentes (con estampado de flores)
Animal Sexual	Mariposa
En vida pasada fue	Un obrero del siglo XIX

Ariza despues del verano y rojo confraternizando

El uniforme greyfox son las pintas que calza cada greyfox . Todos los gf deben llevar una de las vestimentas que aqui se nombran o seran simples mortales. Algunos gf como Torrex , Pepe o Paz suelen vestir ropa antigreyfox, pero lo usamos a modo de provocacion sexual para el glande azul .

Vestimenta Greyfox

-Greyfox Pura Raza:

- Cabello:
    - Rapado al 2
    - Afro a lo
    - Afro Corto
    - Corto a lo
    - Mohicana
    - Cresta McFlurry a lo
    - Tortilla ondeada
    - Corto a lo
    - Flequillo extralargo a lo
    - Skinhead
    - Rastaskin (Pelao con una rasta enmedio)

179

- Rastapunk (Rastas al final de la mohicana)
- Vestimenta:
    - Camiseta de Tirantes (en ocasiones con GF en grafiti)
    - Camisetas compradas en la
    - Camisetas de tema político
    - Camisetas de grupos punk/Oi!
    - Camisas sin marca
    - Sudaderas a lo Mohammed
    - Estilo negro de NY a lo arirraza
    - Sin Camiseta
    - Cualquier camiseta remangada para asemejarse a una de tirantes
    - Cinturon (o no)
    - Pantalones vaqueros cuanto mas rajados mejor
    - Todos los pantalones se remangan al menos una doblez, lleves los zapatos qe lleves
    - Todas las bermudas se bajan al menos 20cm
    - Gorros de invierno hasta primavera
    - Gorras hasta invierno (o nada)
- Calzado:
    - Botas Dr.Martens con cordones grises
    - New Balans
    - Botillas
    - Chanclas y Convers en verano
    - Nada en invierno
    - Un clavo oxidado en cada pie
    - Cualquier zapa tipo rebok o adidas o sinmarca

Ejemplo de vagabundo (Éste no es mítico)

El Piruleta

Dios de 9 dedos en las manos (~~en cada mano~~ en total) que proporciona tabaco, gominolas y todo tipo de productos mágicos como la varita que le metió Harry Potter por el culo a Dambeldor. Se le encuentra en la esquina del Bernabéu y SIEMPRE huele a vino. (Se le da por muerto).

Pikacho

Otro dios urbano proveniente de Portugal que asegura que él no se pincha, porque lo que hace es beber. Odia al papa y usa un albornoz mugriento como atuendo. Es poco común verle, pero se encuentra en los alrededores del colegio San Agustín.

Pio

Es un profeta cuyas creencias se basan en hablar a papeleras y aplastar latas en el suelo. Cree que es el "enviado"; si no le conoces te saludará como si te hubiera visto crecer. Se le puede encontrar desde Chamartín hasta padre Damián.

Israel

Nadie sabe su nombre real, y si él lo sabe, no se acuerda. Sólo se sabe que es israelita y te puede contar cualquier cosa sobre la franja de Gaza aunque sólo sabe hablar inglés. Tiene medio labio (no vaginal) y también bebe.

Gallegó

Descubierto en el VeranFox XII. Yo soy un mandao así que no sé quién coño es. Talue

"http://simplehitcounter.com/hit.php?uid=1135425&f=16777215&b
=0

Por favor, que alguien borre esto. No funciona y además hay un contador de visitas en la portada.

Sí que funcionaba, en el momento en el que la Greyfoxpedia se recopiló contaba con 215000 visitas. Precisamente, era el de la portada el que no funcionaba.

La maldad me llenaba y tengo que liberarla aqui, asique he decidido hacer un articulo sin sentido greyfox (antes de irme a jugar a los sims medieval, juego que e consegido por un cupon de noseqe*) Todo lo de entre parentesis es un ejemplo de vocabulario greyfox, qe aora contare. Es la manera de qe te entienda un greyfox.

Vocabulario Greyfox

El vug de toda la vida.

- Dato Greyfox: dato que no interesa para nada ni afecta al desarrollo normal de la vida. Ejemplo: ~~Elena~~ Rojo te enseña los pelos de su sovaco, Yo te digo que me voy a jugar a los sims o lo mas tipico, cualquier cosa que se hable en tutoria.

- Cibardo: cipote

- Añadir comidas mejicanas a cualquier frase. Ejemplo: Comeme el jalapeño, Abrete de piernas que te meto la quesadilla, chupame los nachos, enseñame el frijol, o la mas clasica, voy a rascarme el vips club.

- Atiende baraka: no tiene significado

- Hablar de DETHKLOK DETHKLOK DETHKLOK!

- Acabar palabras en rl: Atienderl

- Acabar palabras en isel y en lot: Camelot, Camelotisel, Barakisel, Atiendelot, etc.

tambien lo hemos echo este verano

Como ya habia escrito este puto articulo pero se ha borrado solo ahora se notaran pequeños matices de mala hostia. Que como es verano vuelven las greyfoxadas y este verano ha sido epico etc. A la mierda!! por que coño tengo que repetir esta escoria hippi. ~~White Power!~~ Nadie ha leido eso ultimo.

Lista de Articulos de Veranfox XII

1. Barrilada
2. Eurolitros
3. Nuevo Vagabundo: Gallegó
4. Mortal de Benin
5. ¿Donde coño se ha metido Torrex?
6. Casa de Redpro
7. Auswitz Greyfox
8. Hostia a Soulja
9. Metro Descordinao
10. Guerra de Paridas
11. Okupada
Y alguno más saldrá.

¿Qué fue de nosotros?

Instantánea tomada en el momento de la caída del Imperio Gris.

Vaya puta mierda de modificaciones internas que han hecho a wikia. Anywaysa, os preguntaréis donde coño acabamos y por qué no hemos dado señales de vida ~~sexual~~ en dos años, pues esto tiene una explicación que daremos a continuacion. A partir de ahora se suprimen las tildes.

La guerra de los EditoresEditar

Nos remontamos a 2012, el desayuno oficial de un Editor de la Greyfoxpedia es la tostada browniense, (browstada), todo el mundo vive en paz y la república de Greyfoxlandia emana armonia. El triunfo de Greyfoxpedia sobre la patética Wikipedia da a los GF y sobre todo a los editores el control global del universo, lo cual es bueno, creo, pero claro, también les llevó a una vida de excesos como comprar tiendas enteras de warhammer sólo para pintar sus excrementos de dorado y hacer   con ellos, comprar barcos para ir por tierra o comprar flotas de aviones para estrellarlos contra torres parecidas ~~cuidado torres kio que vamos.~~ Este derroche llevó a plantearse la innecesariedad de ganar más pasta con la GFpedia y a abandonarla, pero después de unas peripecias particulares, todos se reencontraron en un albergue que ellos mismos fundaron pa darse de comer en un futuro, oliendose la mierda overdose cloack.

Lista de Epopeyas Greyfox

Para entender por qué lo dejamos, hemos vuelto y cómo hemos acabado así, necesitarás leer una serie de epopeyas que explica las desdichas GF. ¡Atacad, EDITOREESS!

- La Javisea de Barto

- La Davíada de Barto tambien
- El lavado de cerebro a Redpro (actualmente Redfaggot)
- El Éxodo Simiesco
- La breve y cutre epopeya de Torrex
- Ponte? quién? ah coño si, por ahí sigue
- Novoa
- Napox
- Muerte de GF Arsu
- MUerte de Peace 4 Ever
- Ajusticiamento público de Ariza en realidad el dio pal pelo a novoa pero murio qué va que si.
- Contratación y despido de Benin XII
- ~~Cómo nos hicimos nazis~~ Muerte de Pepe III .
- León y Dagzs
- Santi Kristö

El Fin de Greyfox

Era de suponer que esta versión en papel de la greyfoxpedia contendría no sólo los artículos originales ~~y algunos menos~~ sino también una explicación del porqué del Auténtico Final de Greyfox. Tras años de mentiras, rumores y silencio, al fin contaremos la verdad, detalladamente.

Episodio I: Hard Metal Greyfox

Es el año 20XX, el Comandante Greyfox Rojo alias Redproblemz, ansioso por obtener el control total del Imperio Gris, lanza un ataque masivo a escala mundial contra el Ejército Greyfox. Superándolos en número y equipo, la Rebelión aplasta fácilmente a las tropas del Ejército Greyfox.

Los ataques podrían haberse contenido, e incluso prevenido, si los oficiales de alto rango hubieran escuchado a la comunidad de inteligencia del Ejército Greyfox, que habían estado avisando por todos los medios posibles de que la Rebelión podía atacar en cualquier momento con fuerza decisiva. Desafortunadamente, los propios oficiales deciden salvar su culo y anunciar que fue un fallo de inteligencia lo que produjo tal catástrofe, lo cual sentó bastante mal a la comunidad de inteligencia.

Mientras tanto, el Ejército Greyfox se encuentra al borde de la aniquilación, con las ciudades que supuestamente debía proteger hallándose en ruinas.

El Comandante Redproblemz hace una declaración en la que dice que todas las grandes ciudades del Imperio Gris estarán bajo su control en las próximas 259 horas, añadiendo también que cualquier tipo de resistencia será fútil.

La declaración ciertamente no logra desanimar a los altos cargos del Ejército Greyfox, que intentan salvar todo lo que les queda. Poco después, un grupo llamado "Los Leales" queda constituido a partir de los miembros supervivientes del Ejército Greyfox y sus investigadores, los cuales comienzan a modificar los prototipos del tanque "Panzerfox" en almacenes industriales y talleres abandonados y ocultos, con la esperanza de lanzar una contra-ofensiva para recuperar lo que han perdido a manos de la Rebelión. Redproblemz se entera rápidamente de este hecho y ataca los lugares donde se llevan a cabo las operaciones, apisonando a Los Leales y capturando los tanques, poniendo así fin al contraataque antes incluso de que pudiese comenzar. Los vehículos son entonces confiscados para prevenir cualquier tipo de problema por parte del Ejército Greyfox y sus tropas.

Viendo el pánico reinante en el Ejército Greyfox, el Comandante Greyfox Javi alias Soulja VI, rápidamente reúne a las unidades restantes del Ejército Greyfox y comienza una operación militar para reclamar los tanques. Luchando codo con codo junto al Comandante Greyfox Mono alias Moneymonk, sus objetivos principales eran enfrentarse a la Rebelión y neutralizar a su líder, el Comandante Redproblemz, reclamando a la vez los tanques Panzerfox para emplearlos en batalla. Si los tanques no podían recuperarse, entonces deberían destruirlos para evitar que la Rebelión los usase para sus fines.

Primer Capítulo: Tiene lugar en Tanzania, donde Soulja y Monk destruyen las bases rebeldes y finalmente se enfrentan al FOXFALL, una máquina de guerra alojada en una cascada, con la cual acaban.

Segundo Capítulo: Tiene lugar en Londres, donde Soulja y Monk despejan la estación de trenes y los tejados de Whitechapel, para enfrentarse a TERRORFOX, que dispara misiles desde las azoteas, y después al propio Redproblemz desde su avión de combate REDAIRFOX-1, que queda destruido, pero un avión rescata al Comandante Rebelde, logrando así escapar.

Tercer Capítulo: Tiene lugar en Islandia, donde Soulja y Monk avanzan por los desfiladeros helados asesinando a hordas de rebeldes y se introducen en un importante campamento de los hombres de Redproblemz. Ante su sorpresa, es el Comandante Greyfox Ariza alias Arirraza V3 quien lo controla, revelándose así como el segundo al mando de la Rebelión y por tanto un traidor. Soulja y Monk logran detenerlo con gran esfuerzo por sus increíbles habilidades de combate, y este cae al suelo, muerto. Continúan avanzando hasta que destruyen el campamento, pero no iban a salir de los bosques islandeses fácilmente, puesto que unos metros más adelante les espera la máquina de guerra STEELFOX-3BZ. Por suerte, se hacen con un tanque Panzerfox y logran destruirla, evitando sus ráfagas de misiles y ondas electromagnéticas. Recuperan así uno de los tanques robados.

Cuarto Capítulo: Tiene lugar en Croacia, donde Soulja y Monk deben debilitar y despejar una zona de guerra plagada de hordas rebeldes, construida en las ruinas de una ciudad Greyfox ahora destruida. Finalmente llegan a un gran búnker rebelde, donde les asaltan las máquinas de guerra TWINFOX. Provistos de un tanque Panzerfox que logran recuperar, destruyen ambos carros de combate. Sin embargo el tanque queda en muy mal estado y es destruido.

Quinto Capítulo: Tiene lugar en Italia, donde Soulja y Monk han de liberar una ciudad que ha caído completamente bajo el control rebelde. Su potencial militar y de aviación es realmente alto, pero los dos comandantes Greyfox logran hacerse con un tanque Panzerfox y avanzan audazmente hasta el Camión de Combate FOXDAWG, el cual logran destruir, de nuevo, a expensas de la integridad del tanque, del que acaban teniendo que escapar por su inminente explosión.

Sexto Capítulo: Tiene lugar en Greyfoxlandia, la ciudad capital del Imperio Gris, que el Comandante Redproblemz está atacando en ese mismo instante. Soulja VI y Moneymonk lo dan todo contra una potentísima ofensiva rebelde, y destruyen todo lo que hay a su paso, recuperando el barco FOXMARINE-560 y avanzando así hasta el Distrito Central del Parlamento Gris, donde Redproblemz aparece en su REDHINDFOX-A1, y se enfrenta a sus dos antiguos compañeros, que finalmente logran reducirlo y hacerlo precipitarse desde el vehículo.

Así, el Ejército Greyfox logra reestablecer la estabilidad. Redproblemz queda detenido y es llevado a una prisión de máxima seguridad mientras espera el juicio por sus crímenes.

Los Comandantes Soulja VI y Moneymonk son declarados héroes por unanimidad en el Ejército Greyfox, recibiendo innumerables galardones. Sin embargo, algunas facciones secretas alimentan su rencor hacia ellos.

El Comandante Redproblemz, ha vuelto una vez más con su ejército, empeñado en conquistar el mundo. Unos hombres anteriormente leales al Comandante Arirraza le han ayudado a escapar de la prisión, y en el tiempo sucesivo ha logrado reorganizarse y volver a constituir una enorme amenaza. Todo depende de los Comandantes Soulja y Monk, a los cuales se unen dos altos miembros de la comunidad de inteligencia, el Comandante Greyfox David alias Mohammed I y el Comandante Greyfox Ponte alias Superboss.

Primer Capítulo: Todo empieza en Arabia, donde se ha reportado actividad rebelde. Al parecer, el Comandante Redproblemz ha hecho un pacto con el Comandante Greyfox Napo alias Napox, ahora desertor del Ejército Greyfox establecido en Arabia bajo el nombre de Al-Nappir. Su armada de talibanes no es ningún problema para los cuatro héroes, que arrasan con ella. Liberan a los prisioneros de guerra y montan cuatro vehículos preparados para ellos por espías del Ejército Greyfox, los llamados CAMELFOX, camellos a los que se les ha incorporado una ametralladora de combate, abriéndose así paso hasta llegar hasta el PLANEFOX-11T, un inmenso vehículo volador que les asalta. Allí, el vagabundo mítico Pikacho – capaz de lanzar ondas vitales – acude en su ayuda, y juntos consiguen destruir el vehículo y dar muerte a Al-Nappir, recuperando los CAMELFOX intactos para su conservación en futuras misiones.

Segundo Capítulo: La historia se traslada a Egipto, donde Soulja, Monk, Mohammed y Superboss se adentran en una peligrosa pirámide donde el Comandante Redproblemz está llevando a cabo algún misterioso estudio, extracción o algo por el estilo, pues la tiene bloqueada y repleta de trabajadores asalariados, a los cuales liberan los héroes. Sin embargo, encuentran unos inesperados enemigos: auténticas momias capaces de transformar a la gente en uno de ellos con su aliento. Llegan finalmente a un inmenso torreón que parece no tener fin, y montando las máquinas de guerras bípedas WALKFOX que allí encuentran, comienzan a ascender por la estructura. De repente, una máquina de guerra que consiste en unas enormes fauces de metal comienza a tragarse el torreón, y los héroes se ven forzados a reducirla desde sus vehículos. Aunque no logran conservarlos, sí consiguen destruir al monstruo mecánico.

Tercer Capítulo: Tras escapar de la pirámide, Soulja, Monk, Mohammed y Superboss suben a un tren que les llevará a su próximo destino, y que está bajo el control de Redproblemz y su ejército. El avance es duro y la potencia balística y militar abarca todo el tren, lleno de misteriosas mercancías. El combate se lleva a cabo por tierra, mar y aire, y dura hasta la caída del sol. Al final del tren encuentran un avión AERFOX, que usa Mohammed en el combate que libran contra una icreíblemente avanzada máquina de guerra FOXPATH-500 la cual logran destruir.

Cuarto Capítulo: Se lleva a cabo en Japón, donde una ciudad tradicional ha sido conquistada totalmente por el Ejército Rebelde de Redproblemz. A bordo de un par de tanques Panzerfox, los héroes se abren paso hasta las afueras de la localidad, donde les aguarda la máquina de guerra KRIEGFOXER, un submarino militar gigantesco y todoterreno, que derrotan a expensas del vehículo.

Quinto Capítulo: Nos encontramos ahora en Nueva Fox, donde los héroes despejan un núcleo poblacional y avanzan siguiendo unas pistas hacia el interior de la infraestructura de metro subterráneo. Allí, localizan una base del ejército de Redproblemz, repleta de soldados y toda clase de vehículos de combate, además de trenes sin conductor que se apañan para esquivar y destruir conservando la vida. A continuación se introducen en una sala secreta, una falsa salida del metro donde se encuentra un laboratorio clandestino, cuyos científicos al mando han sido brutalmente destripados y mutilados por sus propias creaciones: se trata de hordas de mutantes que trepan las paredes y son capaces de explotar como un explosivo. Anonadados, avanzan hasta las alcantarillas, lugar donde les ataca el submarino de combate STYXFOX, el cual destruyen haciendo uso de un tanque Panzerfox, el cual logran recuperar intacto.

Sexto Capítulo: Estamos ahora en el Archipiélago Fox de Alaska, concretamente en la isla de Shine Loki, la segunda mayor base del Imperio Gris después de Greyfoxlandia. Esta isla es donde Redproblemz ha establecido su cuartel general y se encuentra altamente protegida y repleta de amenazas. Aquí, los héroes avanzan por las heladas laderas del cuartel, y se topan con Arirraza V3, que resultó no haber muerto debido a su increíble capacidad regenerativa. Esta vez, cae en las fauces de una orca que lo devora y escupe sus huesos. Tras él, se introducen a la base del Comandante Redproblemz, donde comienzan a descubrir unos extraños seres verdes, ni más ni menos que alienígenas procedentes del interior de la Luna, armados con una avanzadísima tecnología. Los héroes logran hacerlos frente y asesinarlos sin piedad. Soulja, Monk, Mohammed y Superboss llegan al exterior de Shine Loki, la base ha quedado despejada y destruida, y ahora se encuentran con un risueño y carcajeante Redproblemz, que desde un vehículo alienígena hace alardes de su alianza con los extraterrestres selenitas. Sin embargo, estos en seguida le traicionan, destruyen su vehículo y le abducen en su nave. El Comandante Redproblemz pide ayuda a los cuatro miembros del Ejército Greyfox mientras se cierra la compuerta de la nave. Los cuatro héroes logran derribar el OVNI, sólo para descubrir que los alienígenas están lanzando un ataque masivo contra la Tierra y que esa pequeña nave forma parte de una mucho mayor, conocida como la Nave Nodriza. En vista de que el propio planeta se tambalea, el Ejército Greyfox y la Rebelión de Redproblemz se alían una vez más como hermanos y hacen frente al ataque final de los Selenitas. Los camiones rebeldes hacen entrega de los tanques Panzerfox que habían robado y los soldados mueren por proteger la Tierra, sin importar su bando. Todos juntos logran debilitar mucho a la nave, sin embargo, no es suficiente. Es entonces cuando el Comandante Greyfox Benito alias Benin XII, pilotando un avión F-16, se introduce en la Nave Nodriza – se da a entender que Benin se había unido recientemente a la Rebelión, traicionando a los Greyfox - y explosiona en su interior, inutilizándola completamente y redimiéndose de su honor perdido. Redproblemz es liberado y poco después apresado para cumplir condena una vez más.

Episodio III: Burning Coal Greyfox

Años han pasado y al Comandante Redproblemz se le ha dado por muerto, debido a que tras las gravísimas lesiones que trajo cuando fue aprisionado por el Ejército Greyfox la última vez provocaron su inmediato traslado a un hospital de alta seguridad, y nunca más se ha sabido nada de él.

Ahora, los Comandantes Soulja VI y Moneymonk deberán encargarse de eliminar los últimos remanentes del Ejército Rebelde de Redproblemz, sin embargo, notan que están demasiado bien organizados. Mientras tanto, los Comandantes Mohammed y Superboss observan una serie de eventos extraños, que pueden proceder de más allá de este planeta, una vez más.

Primer Capítulo: Tiene lugar en las Islas Mauricio Colmenero, donde Soulja VI y Moneymonk se enfrentan a una horda de inmensos crustáceos e insectos. Avanzando cada uno por un camino, el primero una ruta submarina y el segundo en un barco por la superficie del agua, reducen a una enorme horda de soldados de Redproblemz que tenían su base allí. Después, se hacen con un Panzerfox y un Panzerfox-Red, y se enfrentan a un gigantesco bogavante armado con un cañón militar, que les deja atónitos, pero aún con todo logran reducirlo y recuperar los dos tanques.

Segundo Capítulo: Tiene lugar en Iowa, donde Mohammed y Superboss llegan a un supuesto reducto de la antigua Rebelión de Redproblemz, pero en su lugar encuentran un pueblo lleno de zombies. De un momento a otro, aparecen varios helicópteros y soldados rebeldes anti-greyfox y las Tenientes los eliminan, pero piensan cómo es posible que hayan perpetuado tal atrocidad unos cuantos soldados descarriados. Según prosiguen avanzando por la aldea, encuentran más gente zombificada, e incluso unos cuantos soldados golpistas también hechos muertos vivientes. Tras destruirlos a todos, llegan a un extraño círculo alumbrado por focos, en cuyo centro descansa una especie de huevo de piedra, que eventualmente se abre y de él brotan unos enormes seres alienígenas voladores, con cara de tubo hueco, que emiten rayos y tienen poderes psíquicos. Tras darles muerte, descubren que la verdadera amenaza es el huevo de piedra, que enloquece y abusa de sus poderes psico-kinéticos desmesuradamente, y finalmente es destruido.

Tercer Capítulo: A la próxima base rebelde, en Australia, se dirigen Soulja VI y Moneymonk, y poniéndose el equipo de buceadores monta cada uno en un mini-submarino personal de combate; tras esto se adentran en el agua, y atraviesan una barrera fuertemente protegida por las hordas de golpistas de la Rebelión, pero se abren paso entre sus barcos y navíos submarinos sin mayor problema. Después, ascienden a la superficie donde se encuentra una avanzadísima cadena de montaje de tanques andantes biónicos que emplean los soldados contra ellos, que sin embargo son capaces de hacerse con uno y contraatacar. Lo que espera al final, en la zona de fundición, es un gigantesco robot con el símbolo de Redproblemz y su rebelión, que se apañan para destruir. Está claro que alguien está ayudando a los descabezados rebeldes.

Cuarto Capítulo: La acción se traslada a Vietnam, donde los soldados rebeldes han sido avistados en una zona desértica, y allí van Mohammed y Superboss, que encuentran una fuerte resistencia, no sólo por parte de los rebeldes, sino también de parte de un extraño pueblo subterráneo vietnamita centrado en la guerra, pero logran abrirse paso hasta las afueras de un torreón, donde una cabeza flotante de metal les ataca con energía sagrada y espíritus de animales salvajes. Con fortísimos esfuerzos logran derrotarla, extasiados, y comprenden que algo realmente extraño está pasando.

Quinto Capítulo: Decididos a destruir la última base rebelde, que ha sido descubierta en las afueras de Madrid, ciudad santa de los Greyfox. Montando un helicóptero FOXCHOP-4 los Comandantes Soulja y Monk se embarcan en la peligrosa misión. Una fuerte resistencia aérea es eliminada, y acto seguido se eliminan varios convoyes en tierra – la batalla es salvaje, imposible para un ejército sin su líder. De repente, la vieja REDAIRFOX-1 de Redproblemz aparece, dirigida ni más ni menos por el dado por muerto, Arirraza V3, que al recibir varios disparos revela el porqué de su aparente inmortalidad: en realidad es un ciborg cuyo único órgano humano es la piel sintética y el cerebro de Arirraza, que cada vez que es destruido ha quedado intacto y es transplantado de un nuevo ciborg a otro, con el mismo aspecto del Excomandante Greyfox Arirraza. Finalmente, el hombre biónico cae del avión, aunque seguramente siga vivo. Es entonces cuando bajando de sus vehículos, observan el característico REDHINDFOX de Redproblemz dirigido por él en persona. Tras recuperarse de su asombro, le hacen frente y logran derrotar a Redproblemz, que cae al suelo desde lo alto del vehículo volador y parece gravemente herido. No obstante, una espantosa verdad se revela: el que ha caído es solo un alienígena selenita disfrazado del Comandante Redproblemz. Otros dos Selenitas bajan de una nave ovalada con extra de tierra y abducen a Soulja, así que Monk da la alarma al resto del ejército Greyfox.

Sexto Capítulo: El Ejército Greyfox y la Armada Rebelde de Redpro se reúnen para salvar a Soulja VI y a Redproblemz, ambos abducidos por los Selenitas, con los que el cabrón insensato de Redpro había intentado contactar de nuevo para dominar la tierra echando pelillos a la mar y ofreciéndoles como recompensa un perrito caliente con auténtica salsa de queso de la Casa de la Abuela Greyfox, que robó previamente del cuartel general de Greyfoxlandia. Los bichos alien de la Luna Fox fueron todavía más listos y se dispuesieron a conquistar la tierra y obtener la receta del perrito sin deber a cambio nada a nadie. Pues bien, toda la Armada de Redpro, que de ahora en adelante (sí, a estas alturas se me ha ocurrido) llamaremos Armada Roja, se lanza en cohetes modelo NABOFOX-350, otro prototipo robado que sin embargo han sabido fabricar con estilo, y les ceden tres a Moneymonk, Mohammed I y Superboss. Al poco rato de atravesar la atmósfera en dirección a la Luna, todos los ineptos soldados de la Armada Roja han sido asesinados por naves alienígenas, con la excepción de una nave NABOFOX que dirige Arirraza V3, junto al cual los tres Greyfox logran abrirse paso hasta el interior de la Nueva Nave Nodriza Selenita, también conocida como NNN~~NNNNNNNNNNN~~S. En el interior, los cuatro viejos amigos: Arirraza, Monk, Mohammed y Superboss, llevan a cabo la mayor masacre de extraterrestres jamás vista hasta ahora, y Arirraza les explica que en realidad él es un robot desde el episodio II, y que sólo conserva su cerebro como parte viva, y el tejido sintético que recubre su piel. Ellos le dicen que ya lo sabían, que se calle y que preste atención porque el arma secreta de los aliens acaba de salir a la luz y son ni más ni menos que una horda de clones de Soulja VI de piel azul y ojos en blanco, pelo morado y un fuerte entrenamiento innato para matar Greyfox. Las batallas son feroces y arriesgadas, pero logran avanzar hasta las puertas de la Sala de Clonación aprovechando la ventaja de que por mucho acondicionamiento que tengan los clones, siguen siendo recién nacidos, así que les distraen dándoles pecho, jugando con sonajeros o haciendo como que han desaparecido poniéndose las manos en la cara y gritando después "¡aquí está!" Cuando todos parecen asesinados y la puerta está abierta, un último batallón de clones irrumpe en escena, a la vez que la puerta comienza a cerrarse para no volverse a abrir jamás. Es entonces cuando Arirraza V3, en un último alarde de Honor GF, sostiene la puerta metálica y pide a los tres Greyfox pasar y dejarle atrás. Cuando terminan el cigarro que estaban fumando de tranquis, pasan a la Sala de Clonación, y en la puerta los clones ejecutan a Arirraza esta vez para siempre, puesto que la puerta se cierra y aplasta su cerebro y su cuerpo cibernético. En la sala, liberan a Soulja VI, encerrado en una plácida burbuja de la que le cuesta salir porque literalmente "es como un baño de heroína", y los cuatro Greyfox: Soulja, Monk, Mohammed y Superboss, avanzan hasta la salida de la nave. Pasando por una sala, encuentran a Redpro amordazado y acalambrado, así que lo liberan y este busca el botón para abrir la compuerta que les lleva al pasillo final, antes de la salida. Por error abre otra que les envía a una ruta alternativa y activa a la vez la secuencia de autodestrucción de la Nave Nodriza. Cayendo por un tobogán interno de la nave, los cinco héroes van a parar a una sala donde un Selenita gigantesco formado a partir de cadáveres de otros aliens descansa antes de ser liberado sobre la faz de la tierra. El jodido bicho despierta y les ataca por todos los medios, pero los GF sobreviven y se zafan del peligro – solo para encontrarse una gigantesca horda de clones mal hechos de Soulja ir a por ellos (mal hechos pero más fuertes, cosas de la vida). Los eliminan luchando codo con codo (Redpro va en calzoncillos toda la pelea) y finalmente, desbloquean la compuerta de salida un segundo antes de que reviente la nave alienígena. Como ángeles caídos, se precipitan tranquilamente a través de la atmósfera de la Tierra, derechos al mar. Sin embargo, el Gigabicho Selenita de antes les agarra a cada uno con un brazo excepto a Redproblemz, Soulja VI y Monk, vamos que agarra a Mohammed y a Superboss, es que no me decidía por el número de brazos. Como se quedan sin balas ni pistolas, lo matan a base de dieciocho mil pedradas durante unas cuantas horas, y ya cerca de la superficie del océano, les suelta, se hunde en el agua provocando un pequeño tsunami que los cinco GF surfean hasta estar a salvo en tierra firme. Redproblemz se despide de ellos porque tiene que planear una nueva forma de cagarla poniendo al mundo entero en peligro y ellos le desean las mejores venturas en sus próximos negocios.

Episodio IV: A Clockwork Greyfox

Redproblemz y sus soldados parecen totalmente desmantelados por un tiempo, sin embargo, esto no dura mucho, porque el Ejército Greyfox comienza a recibir información sobre nuevos ataques de la Armada Roja alrededor del mundo, y es entonces cuando Soulja VI, Moneymonk, Mohammed I y Superboss toman las armas y salen a darle caza una vez más, creyendo ingenuamente que será la última. A su aventura se unen esta vez los otros dos Comandantes Greyfox restantes, que hasta ahora no habían participado por tener demasiado papeleo que hacer: el Comandante Greyfox Torres alias Torrex y el Comandante Greyfox Novoa alias Noveaux.

Primer Capítulo: Redpro se organiza rápidamente con ayuda de unos misteriosos supersoldados que dicen proceder del futuro. Soulja y Monk van hasta Madagascar para hacer frente a uno de sus campamentos más grandes. Durante toda la misión, algo malo le pasa a Moneymonk, hasta el punto de que parece estar enfrentado a Soulja, y el asalto está cerca de salir mal. Al final Monk le confiesa que piensa en unirse a Redproblemz para acabar con su tiranía, pero poco después confiesa que ya es hora de renovar Greyfox y que ansía profundamente el poder. La vuelta a casa en helicóptero no puede estar más llena de silencios incómodos y malos rollos.

Segundo Capítulo: Mohammed I y Superboss despejan un reducto de rebeldes futuristas en El Paso, y comprueban que los Greyfox están bien jodidos esta vez y que no podrán hacer frente a esa amenaza. Sin embargo, descubren en el campamento rebelde un monolito con el nombre de Jose Antonio Rojo inscrito en él, que resulta ser el heredero de Redproblemz con una puta de Tijuana, a quien descubren que se debe matar para que no nazca el bisnieto de Redpro que ha organizado este asalto desde el futuro.

Tercer Capítulo: Noveaux y Torrex son enviados al recientemente descubierto cuartel general de Redproblemz, en Sacramento. Allí, hay una plaga de una extraña enfermedad que obliga a usar mascaras nucleares. Se descubre al final que tanto redpro como su bisnieto Redbull son inmunes, y es que se pinchan una toxina que les inmuniza y les produce un exagerado estado de euforia, igual que a sus soldados.

Cuarto Capítulo: Soulja y Monk, que parecen haber hecho las paces momentáneamente, llegan a México D.F. donde despejan un turbulento campamento militar de Redpro aliados con un cártel de la droga. Tras el tremendo asalto, el Alcalde Rufino Páez llega para ofrecerle un trato a Soulja en secreto, mantener el dominio del cartel a cambio de una suma altísima de dinero destinada a la cuenta de Greyfox, él accede, con la condición de que destine un poco más a una cuenta personal que abrió hace poco en Suiza.

Quinto Capítulo: Mohammed y Superboss van a Texas, donde la puta que se follo Redpro hace unos meses está embarazada del que será el desencadenante de todo esto. Tarde, porque una enorme milicia de rebeldes y yihadistas ha evacuado a Esmarelda hasta fuera del estado. Mientras despejan el lugar, Mohammed comienza a desarrollar un odio hacia Superboss basado en el miedo irracional a su extraordinaria suerte en batalla, que le lleva a pensar que es un demonio, tras la lectura de un pequeño libreto sobre unas tribus amazónicas que llevó al campo de batalla, llamado "Trueno Tribal".

Sexto Capítulo: Noveaux y Torrex llegan a Santa Bárbara, donde se encuentra el propio Redbull en persona, con quien se encuentran tras limpiar el campamento de soldados futuristas, a punto de perder la vida. La terrible plaga que asola California resulta ser el virus FOXIC modificado, una creación del Vlue Vixen, el nuevo grupo que formará la rebelión si Jose Antonio Rojo nace. Se rebela que Noveaux lo ha contraído, y su pierna se ha gangrenado. Acorralados, Torrex le amputa la pierna, y descubren que el virus le ha otorgado a Noveaux mayor resistencia y habilidad en combate, y acoplándose una prótesis con motosierra que porta torrex en su mochila, colocándolo en el muñón, asesina a todos los rebeldes presentes, entre ellos a Redbull, que les dice que ya es demasiado tarde para matarle porque el avance de redpro ya es imparable.

Séptimo Capítulo: Los seis héroes deciden centrar sus esfuerzos en capturar a Esmarelda la puta, y finalmente dan con ella y sus protectores en Santa Mónica. Allí capturan a un lugarteniente de redpro y tras torturarle sin piedad este les dice que redpro está en el lugar con toda su fuerza militar y que no saldran de allí con vida. Descubren, del mismo modo, que Esmarelda no era una puta sino una hermanastra secreta de Superboss, así que este les pide que no la maten. En vista de que los Greyfox no van a hacerle caso, se une a la Armada Roja, y a él se une Monk. Tras un arduo combate, los cuatro Greyfox restantes llegan a la habitación donde está Esmarelda. Tienen el tiempo justo para matarla y huir, pero llega superboss y les pide que por favor no lo hagan. Mohammed, que le odia y piensa que es un ente diabólico desde que enloqueció en Texas, la mata a sangre fría sin dudarlo. Tras esa acción, todo el ejército del futuro desaparece, pues Redbull nunca existió porque no llegó a nacer como en Regreso al Futuro con el jodido protagonista, y la rebelión es derrotada una vez más por el Ejército Greyfox. Los tres desertores: Monk, Redpro y Superboss son detenidos y encarcelados.

Episodio V: Final Death Greyfox

Los meses pasan tranquilos mientras el Ejército Greyfox trata de recuperarse poco a poco, algún año después de la última guerra. Sin embargo, las arcas Greyfox comienzan a estar algo más vacías de lo habitual debido a los inmensos gastos de reconstrucción a los que tienen que hacer frente, pero un día, el destino parece volver a sonreír a Greyfox y a sus cuatro comandantes: Soulja VI, Mohammed I, Torrex y Noveaux.

Primer Capítulo: Investigando una secuencia de números, Mohammed descubre la ubicación de un tesoro secreto en las afueras de Sidney. Cuando se dirigen allí, descubren que todo es una emboscada de la rebelión, ahora llamada Vlue Vixen, tras los anteriores eventos, en honor al grupo futurista del bisnieto de

Redpro que ya nunca existirá. Redproblemz está siendo liberado en ese mismo momento junto a Moneymonk y Superboss por exsoldados Greyfox amotinados y desertores. Los cuatro Greyfox salen del asalto sin muchos problemas y se dirigen de vuelta a Greyfoxlandia.

Segundo Capítulo: Cuando llegan a Greyfoxlandia, es demasiado tarde. Nadie queda con vida, y encuentran a Monk y a Superboss encadenados como prisioneros. Acaban fiándose de ellos, que les cuentan que Redpro les ha rechazado por conservar ellos algo de honor para con Greyfox todavía, y ellos les dan a los indicaciones para salir de la ciudad y reorganizarse, matando en el camino a unos cuantos escuadrones rebeldes. En lugar de ello, descubren que Monk y Superboss les han traicionado, han hecho que matasen a Greyfox disfrazados de Vluevixen y les han llevado a una emboscada con Redpro y los Selenitas, que comienzan a abducirles. En ese momento, la nave es destruida y unos repugnantes seres alados - mercurianos - cogen a los selenitas y los devoran vivos en volandas. Redpro, Monk y Superboss cuentan cómo reestablecieron el contacto con los Selenitas y estos, los Vluevixen y los Greyfox hacen una alianza temporal para expulsar a los invasores mercurianos.

Tercer Capítulo: La ciudad de Fox Kong está siendo invadida por mercurianos, constituidos por salvajes monstruos que no atienden a razones, algunos son devoradores alados, otros parásitos capaces de controlar la mente, y a todos ellos los comanda una enorme máquina biónica conocida como Makunta. Soulja, Mohammed, Noveaux y Torrex salvan el día eliminando a los invasores sin piedad, pero cuando finalmente se encuentran con Makunta, todo parece perdido. De no ser por los Selenitas, que aparecen en el momento indicado para enviar mediante un potente rayo, a Makunta al futuro, donde queda atrapado por siempre, problema de los del futuro, que se jodan.

Cuarto Capítulo: Los cuatro Greyfox, los Vluevixen y los Selenitas de dirigen a una localización donde ha sido hallado un tótem de energía, fuente de poder tecnobiológico de los mercurianos que conducirá a la localización exacta de su cuartel general. Allí, una caverna de Fox City, los mercurianos despliegan una enorme potencia militar que con gran esfuerzo logran aplacar los héroes. Sin embargo, al llegar al tótem y descodificar y guardar la ubicación de la base secreta, este artefacto provoca un enorme huracán, el cual revela que Torrex tiene una enfermedad mental adquirida tras sus horribles visiones y experiencias en batalla, pues enloquece de pánico ante el caos y el ruido que provoca el fenómeno natural, pero finalmente logran calmarle con sedantes.

Quinto Capítulo: Un desastre natural eólico azota el mundo cuando los Greyfox, Vluevixens y Selenitas se dirigen al cuartel general mercuriano, ya que estos han puesto a autodestruirse los totems de energía y el planeta va camino de ser un gigantesco ataúd. Entonces, se libra una despiadada y brutal batalla aérea que los protagonistas ganan, quedando así acampados a las puertas de la base mercuriana, en el subsuelo. Tras resquebrajarse el cielo y caer a pedazos, Noveaux pregunta a Soulja como es eso posible, y este le explica que Greyfox está muerto en el mundo terrenal y que todo el tiempo esto ha sido el Purgatorio Greyfox, donde habitan ahora, como recuerdos del ayer. Acaba diciéndole que un greyfox no está hecho para vivir ni para morir, está hecho para estar siempre luchando. Él no lo acepta y huye a la cueva mercuriana, en la que se adentra. Soulja, Monk, Redpro, Torrex, Superboss y Mohammed van en su ayuda.

Sexto Capítulo: Al ritmo de la versión en directo de Sultans of Swing, y en el interior de la cueva mercuriana, los Vluevixen, los Greyfox y los Selenitas logran abrirse paso a duras penas por la casi ilimitada potencia militar de los invasores, y los heroes siguen la pista de Noveaux, que se revela como un excelente soldado. Entonces, lo encuentran con un controlador mental mercuriano parasitando su cabeza - esto da lugar a una intensísima lucha donde Soulja revela un lado sentimental, Noveaux enloquece por completo y sin remedio y finalmente le dan muerte. Siguen en las últimas dando muerte a todo bicho viviente y llegan finalmente a la Reina Mercuriana, a la cual atacan todos unidos como antaño.

Esta, en un ataque de ira por ver que todo su plan está a punto de salir mal, derrumba el suelo de la caverna cogiendo a los Greyfox para arrastrarlos con ella al abismo, pero es entonces cuando Redpro, Monk y Superboss les sacan de allí y salvan sus vidas, haciendo así gala de su lealtad. Los mercurianos quedan destruidos y el planeta es evacuado de urgencia.

Al final, la tierra se destruye. En agradecimiento, los Selenitas llevan a los humanos restantes a un pequeño planeta que llaman Vulpia, donde residen actualmente. Con sus miembros corruptos y enloquecidos y sus infraestructuras podridas y agotadas, Greyfox, Vlue Vixen y toda organización relacionada fueron disueltas por completo, y los seis supervivientes acordaron vivir cada uno en una punta del planeta para no volver a verse nunca más.

Torrex abrió una tienda de ropa con su propia línea de moda, llamada "Thor Rex", un éxito de ventas.

Redproblemz recibió una intensa terapia y unos cuantos años de educación universitaria, y escribió el libro "For me the your best phrase", que trata sobre el sueño de un mundo utópico basado en los principios del budismo.

Superboss comenzó una industria de cine parecida a Hollywood, que llamó Pontewood. Allí, tiene una reputada carrera como actor de pelis de acción.

Moneymonk fundó una compañía de saneamiento y alcantarillado de éxito.

Mohammed volvió al oficio de sus sueños, ser dueño de un bar y atender en la barra.

Soulja VI desapareció y nunca más volvió a saberse nada de él.

Soulja VI, Moneymonk,
Benin XII, Superboss,
Noveaux, Napo, Mohammed
Ariza, Rojo y Torrex
Greyfoxpedia, Greyfoxween,
Pegatinas de David,
Borracheras en Colums
Pastilleros, Greyfox Tours,
La carrera Greyfox Race,
Perex, Karpin, y el Sieg grey,
Patatas en Bar del Pollo
Los porteros contra Rojo,
En Altair dando la nota,
Eurobuilding, Napo pota,
Hechos en San Agustín,
¡¿Qué mas tengo que decir?!
¡No dejaremos Greyfox!
No temáis, tenemos mucho más,
Como
Un guión a lo Greyfox,
Igual ¿Rojo el astronauta, y Javi el supervillano?
O, ¿quizá una boda loca?
Donde algo pasa y larilolariro...
¡Perdón por esta mierda!
¡No temáis, aunque no nos veais!

FIN.